成長する会社の
トイレ戦略

三橋 秀人
Hideto Mitsuhashi

知道出版

はじめに

「諸外国に比べると、日本人は働き過ぎだ」
「仕事漬けではなく、もっと個人の時間を大切にしたい」
「求人しても、なかなか人が集まらない……これでは社員を休めさせることができない」

昨今話題の「働き方改革」の背景を覗《のぞ》き見ると、常に多くの方が時間との戦いを強いられていることがうかがえます。

残業続きで自分の時間がなくなれば、心に余裕がなくなりますし、日々を楽しむ気持ちも薄れてしまいます。仕事で手一杯になると、ストレス過多で疲れもとれず、休日は寝てばかり……。これでは楽しい人生を送っているとは言い難いものがあります。

「働き方改革」に見られる残業の制限も、近年日本企業でもよく見られるようになったフレックスタイムも、自宅での仕事も、基本的には時間をうまくやりくりして、仕事以外の時間を充実してもらおうという試みだと言い換えることができるでしょう。

もし、今、本書を手に取っていただいたあなたが企業の経営者ならば、暗い表情をして仕事をし、さえない顔つきでお客様に向き合っている社員を見たならば、どんな心境になるでしょうか。

「気合が足らない！　無理してでも、もっと笑顔を出しなさい」

そう思うでしょうか。それとも、こんなふうに思うでしょうか？

「これじゃまずい……。何とかして社員の負荷を軽くしなければ」

個人的には、できれば後者のほうであってほしいと願いますが、いずれにせよ、本書をお読みいただければ、最終的に社員が心から笑うことのできる会社になるはずです。いえ、正しくはそのヒントを得られるはずです。

なぜならば、**トイレ掃除を制する者は、ビジネスを制する**からです。

私たちの会社は、一言でいうと「日本中のトイレをきれいに清掃・管理をする」という事業を積極的に推し進めています。私たちが常に願っていることは、トイレ掃除について適切な方法や業者のことを知ってもらい、会社にとって大幅な労働改革をしてもらうこと。

「そんなこと言ったって、トイレなんてたかが10分とか15分程度のものだろう。それが多少違ったくらいで何が変わると言うんだ？」

そう思われる経営者もいらっしゃるでしょう。確かに時間短縮だけでいえば、1日8時間、つまり480分のうちの15分程度です。しかし、社員にとっては、塵も積もれば山となるで、法定労働時間の上限から260日という法定労働日数で考えても、年間でいえば3900分、つまり65時間相当の時間をかける計算になります。

そうなると、「トイレ掃除なんて短いほうがいい」という考えになり、「さっさと終わらせよう」「適当に手を抜こう」という方向に走りがちになります。結果、トイレは、掃除しているように見えて、実は掃除ができていないため、悪臭や汚れが目立つようになり、誰もが近づきたくない場所になる……。

これが会社にとって、思わぬ損失を生み出す「会社の汚れ」になってしまうことがよくあります。

もしも、会社に重要な来客があり、そのお客様がトイレを使ったとします。そのとき、このようなトイレで、果たして会社の信頼は勝ち取れるでしょうか？

そうならないためにも、私たちはお客様からトイレ掃除の仕事を請け負い、社員の皆さんの時間をできるだけ省《はぶ》き、かつ会社の心ともいえるトイレをストレスなく保つようにすることで、二乗三乗の効果を発揮できるようサポートさせていただいています。

加えて、プロのトイレ清掃人は単なる掃除代行ではなく、プロのトイレの清掃を通じてクライアントとなる企業に「ゆとり」と「活力」を見出していただくための、経営戦略のサポーターともいえる存在だと自負しているのです。

本書のタイトルを「**成長する会社のトイレ戦略**」とさせていただいたのにも、そのような理由があってのこと。経営に対して、いつもとは違う角度から自社の検証をすることで、また違った発見があり、今まで見ようとしても見ることができなかった会社のグレーゾーンの中側も見通せるようになるはずです。
また、単なる時間短縮や単なるコストカットだけでなく、トイレをきれいにすることによって売り上げがあがるという、今まで想像もしえなかったようなプロのトイレ清掃のメリットにも気づいていただけるのではないかと期待しています。

〝トイレを制する者は、ビジネスを制する
トイレの悪臭は、会社の悪臭
トイレの汚れは、会社にこびりついた悪癖の表れ〟

主語を置き換えると、会社経営はトイレ清掃や、トイレと人との向き合い方に例えることもできるのです。

本書を読み進めていく中で、きっとあなたの会社のトイレだけでなく、社員の皆さんやお客様の笑顔までもがキラキラと輝くまでに磨かれ、あなた自身の人生や会社の勢いが変わっていくことを実感していただけるでしょう。

令和二年一月吉日

株式会社アメータ 代表取締役　三橋 秀人

成長する会社のトイレ戦略●目次

第3章　知って得するトイレの知識 …… 55

第1章
トイレがわかれば日本がわかる

意外と知らないトイレの起源

トイレはいつどこで生まれたか

基本的に、生物にとって排泄は不可欠なものです。人間ももちろん同じで、排尿・排泄をしない、もしくはできなくなると、生命の維持ができなくなってしまいます。つまり、長年のあゆみにより今や文明の高みに至ろうとしている人類史においても、排泄物をどう処理するかは永年の課題であったはずです。

トイレが人類史に初めて登場したのは、今から約6000年も前、文明が起こり始めたころだと言われています。例えばイラク北部にあるシュメール時代の遺跡エシュヌンナからは、紀元前2200年のころのトイレの遺跡が発見されており、これは既に下水道に直結した水洗トイレのスタイルだったそうです。

また、ほぼ同じ時代に栄えたと考えられているバビロニア（現在のトルコあたり）の都市・ウルからも、複雑な配管構造のトイレが見つかっています。このトイレは細い毛細管の内側を、液体が上昇ないし下降していく物理現象、いわゆる毛細管現象を利用したものとして考古学の世界で注目を集めました。

さらに、インダス文明遺跡として世界的に有名な観光地にもなっている、モヘンジョ・ダロからも、腰掛け式のトイレと、排泄物が落下する沈殿槽《ちんでんそう》の遺跡まで見つかっているのです。

高い技術を持っていた古代ローマ

さて、「公衆トイレ」といえば、現在でこそ街中のそこここにありますが、いつから登場しているのでしょうか？

諸説ありますが、最も有名なのは歴史研究の結果、実は紀元前３１５年、古代ローマ時代には既に存在していたことがわかっています。

古代ローマは、上下水道が発達しており、紀元前7世紀の時点で完成していた上下水道は、なんと現在も使い続けられているほどに完成度の高い上下水道ネットワークだというから驚きです。

古代ローマでは、市内に約１５０もの公衆トイレが設置されていたこともわかっています。その造りは、壁に沿って20〜30の洋式便器が並んでおり、隣との仕切りもなくオープンに用を足していたことが推測されています。

市民の自宅にもトイレが設置されており、腰かけ式の洋式トイレと、しゃがみこんで使う、和式のようなスタイルの便器があったそう。トイレの周辺には常にきれいな水が流れていて、上流部から下流部にかけて水が流れるとともに、排泄物を流していたのだそうです。

そう考えると、欧州には早い段階から水洗トイレの文化があったように思えますが、実はそうでもないのです。例えば中世ヨーロッパを代表する建築物である古城には、水洗トイレがありませんでした。

それもそのはずで、当時の城は主に山に建てられることが多く、低いところから高いところへ水をくみ上げていく技術はまだ一般的ではなかったのです。では、お城の中ではどのように排泄物を処理していたのでしょうか？

実は、城の中では排泄した都度、外に運び出すというやり方を採用していた城もありますし、落下式のトイレを作り城の下に排泄物を溜め、まとめて外に運び出すようなやり方もあったようです。なんとも重労働ですね。

ちなみに、水洗式の考え方は、ヨーロッパから日本に伝わったとされていますが、それ以前に、日本にも水洗に似たスタイルのトイレは存在していました。川の上に橋をかけ、その上から川に排泄物を流すスタイルで「厠《かわや》」と呼ばれていたものです。

「厠」は「川屋（河屋）」とも書き、文献の記録としては『古事記』で初めてその登場が記されています。確かに「水で流す」わけですから水洗ではありますが、なんとも壮大な水洗の仕組みを利用しているものです。

日本にはいつからトイレがあったのか？

平安時代に登場したおまる型トイレ

日本人はいつからトイレを使っていたのか。

諸説ありますが、縄文時代には、トイレという、用を足す専用の空間は確立されておらず、川に直接用を足していたようです。その方式を利用して、「厠」（川に流すからかわや）というトイレ施設が川や水流に沿って生まれていきました。

その後、平安時代になると、一部上流階級の生活に、木の箱でできたおまる形のトイレが登場。まだ大人用のトイレを使うことができない、幼児用の、あのおまるを想像してください。

トイレに行けば用が足せるのに、どうして部屋の中にわざわざおまるを持ち込んだのか。

それには深い理由があります。

平安貴族のスタンダード服と言えば、十二単《ひとえ》ですね。この十二単は、何枚もの着物を重ね着したスタイルですので、とにかく重いうえ、部屋から部屋へ移動するのも一苦労するシロモノ。ひとりで着替えはおろか、当然、用を足すにも大変なファッションスタイルだったのです。

ですので、便意・尿意をもよおすと、用足し専門の召使がおまる型トイレを持ってきて、十二単の隙間から差し込み、その上に座って用を足していたようなのです。ちなみに、さすが貴族の使うトイレですので、やぼったいデザインではなく、中には貝殻で装飾を施した美しいものもあったとか。

時代は移ろい、鎌倉時代から江戸時代になると、汲《く》み取り式のトイレが生活様式の中に存在していたことがわかっています。しかし、ここで気になることが一つでてきます。平安以前は川に流すスタイルが主流だったのに、どうして汲み取り式、つまり排泄物をためる仕組みに戻っていったのでしょうか？

そうなったのには、実に経済的で合理的な理由があったのです。

便が売り物になっていく

鎌倉幕府は、政策として麦の二毛作を奨励していました。二毛作というのは、一年に作物を二度収穫する農耕方法ですので、必然的に土中の栄養分が不足しがちになります。そこで何か栄養分を土に投与しなくてはいけません。

そこで、当時の人々は貴重な肥料（下肥《しもごえ》）として糞尿に注目。「川に流して捨てるのなんてもったいない、せっかくならば再利用していこうじゃないか」と考えたのです。

江戸時代になると、排泄物の肥料価値はますます高まっていきます。江戸の農家は「肥料に使うから汲み取らせて！」と、お金や野菜などを支払ってまでご近所のトイレに汲み取りに来るなど、排泄物は大切な「商品」となりました。なんだかすごい話です。

となると、売る側もせっせと排泄物をため込んでお金に買えないともったいない。なにせ、毎日ご飯は当たり前に食べるので、排泄物を出すために特別にお金をかける必要はありません。つまり原価ゼロでお金になる生産物です。

そこで長屋に暮らす庶民が共用トイレに排泄物をためておき、それを大家が「下肥買い」

という回収業者に売ったり、物品と交換したりしていたそうです。

当時、下肥買いの買取金額はなかなか高価だったようですが、排泄物には、なんと品質のランクがあったそう。庶民の価格よりも、食生活が豊かだった大名家や裕福な商人たちの排泄物はより高く買われていたそうです。

ちなみに、江戸時代の京都には「辻便所《つじべんじょ》」という公衆トイレがあったそうです。やはり肥料用の排泄物を集めるのが目的だったようですが、江戸の街に公衆トイレが登場したのはもっと後の話で江戸時代も後半に入ってから。それまで、長屋など生活空間内にはありましたが、公共の場になかったのであれば、江戸の人々は外でどうやっていたのでしょうか？

正解は、「道のそこここでしていた」です。でも道への用足しは禁じられていましたので、当時の外出の苦労がしのばれます。

オリンピック目前の日本のトイレ事情

トイレの〝おもてなし〟は大丈夫か？

東京で二度目のオリンピックが開催される２０２０年の７月。本書を執筆している時点では、準備真っ盛りではありますが、やはり仕事柄「トイレ事情はどうなるのか？」ということに目が向いていきます。オフィスビルやコンビニにも協力を求めるなど、準備は本格化しています。

各会場や会場がある街の様子をつぶさに見れているわけではありませんが、日本のトイレはやはり、おおよそが「清潔に保とう」という高い意識で美化管理されているように見受けられます。

もっとも汚いところは汚いですが、その絶対数は想像しているより多くはなさそうです。でも、トイレに関して、トイレのきれいさ以外に「今のままでは大丈夫なのか？」と感じる点があるのです。

「使い方の表示はこれで大丈夫なのか？」という疑問です。

「トイレの使い方なんて、わざわざ説明したり、使い方表示をしなくてもいいのでは？」と思われる方もいるかもしれません。しかし世界を見渡してみると、同じトイレでも実に勝手が違うことに気づかされます。日本と海外ではトイレの使い方が違うような文化もあるのです。

もしそういう方が日本に来て、使い方の簡易説明がどこにもなされていないと、何が起こるでしょうか？　正しい使い方をしないことで、排泄物が流れない、不必要にトイレが汚れるなど、トイレトラブルの原因になってしまうかもしれません。

何より、トイレをスマートに使えないということは、大変なストレスになりますので、日本での滞在を心から楽しめなくなってしまうのは、ホスト国として大変残念なことです。せっかくの日本旅行、せっかくのオリンピックの楽しい雰囲気に水を差さないとも限らないのですから……。

どう使えばいいかわかる表示を

たとえば、極端ではありますが、便座に対してどちら向きに座るのかということも、知らないと正しく使うことはできません。和式のように奥側に向かって座るのか、それとも洋式のようにドア側に向かって座るのか。

そのほかにも水を流すレバー（フラッシュバルブ）がどこにあるのか、どのボタンが何の機能を意味しているのか。「トイレの水を流すボタンはここかな」と思ってボタンを押すと、水が流れるのではなく、おしり洗浄用のノズルが伸びて来て、（しかも前の人が最も強い水圧に設定していたため）そこら中がびしょ濡れになってしまった」というケースは実際にあったりするものです。

こういうケースは、表示ひとつで解決されるものです。しかしざっと見渡したところ、国際意識の高いところは英語、中国語、韓国語など多言語で表示されるほか、アイコンやマークなどに工夫がなされていて、一目でどれが何のボタンか、必要な機能をどう使うのかがわかるようになっています。しかし、まだ漢字やひらがな、カタカナだけで表示してあるところも少なくありません。

私たち日本人の文化では、和式洋式の使い方はいちいち説明をしなくても、暗黙の了解になっているものです。しかし、洋式でずっと過ごしてきた海外の方たちにとって、和式は実に珍しい形状に見えるはずです。

公共交通機関などでは、目につく表示が多国籍になってきていますが、トイレについてはまだまだ改善の余地はありそうです。トイレも、人間である以上、必ず利用しなくてはいけない場所ですので、言語だけに限らずピトグラムなどで表示するなど工夫を検討していこうとするホスピタリティが浸透し、「誰が利用するのか」がもっと広がっていくことを願っています。それこそ、まさに「おもてなし」の精神でしょう。

温水洗浄便座の登場秘話

前回の東京五輪で初上陸した新便座

今でこそ、あちこちで見ることができる温水洗浄便座。ボタン一つで便座の奥からノズルが伸び出してきて、肛門に直接温水を当てて洗ってくれる、とても便利な機能を持った便座です。

この温水洗浄便座が初めて日本に上陸したのは、いつでしょうか。

実は、先の東京オリンピックが開催された１９６４年のこと。今から実に約半世紀前には、日本にもたらされていたのです。

このとき紹介された製品は、アメリカのベンチャー企業であった「アメリカン・ビデ社」のもの。もっとも、まだアメリカでも広く市民権を得ていたわけではなく、主に医療現場で痔の治療などに使われていたものでした。便器取付シート式の「ウォッシュ・エア・シート」という商品名の製品でした。

しかし、この製品は、すぐに私たち庶民の元へ届くことはありませんでした。なぜならば、とても高価だったからです。

当時の価格で48万円。今の価格でも十分高価な便座ではありますが、当時の価格換算だと、なんと新車が1台買えるほどの価格だったのです。

それから一般住宅向けを狙って、ようやく手ごろな価格にまで下げられた製品が登場し始めたのが（それでもまだかなり高価ではありましたが）、それから約3年後の１９６７年です。

それまで輸入製品だけだったところ、伊奈製陶（現在のＬＩＸＩＬ）という会社が国産化に着手したのです。そして、続く１９６９年に東洋陶器（現在のＴＯＴＯ）が国産化製品の販売を実現させ、まさしくここから温水洗浄便座販売を巡ってライバル企業同士の熾烈な戦いが始まったのです。

日本のトイレが世界から驚かれる理由

海外で驚嘆の声！　日本のトイレのここがスゴイ

「所《ところ》変われば品《しな》変わる」、その場所や環境で風俗や習慣が違い、同じトイレでも土地が変われば何かと勝手も違ってくるものです。そこで、日本を訪れた海外からの旅行者やビジネスパーソンが、日本のトイレのどんなところに驚くのかを調べたことがあります。

結論から言うと、ネガティブな意味での驚きではなく「日本のトイレはすごいね」とポジティブな意味での驚嘆の声が多く上がりました。たとえば、次のようなポイントです。

・かなりの割合で温水洗浄便座（シャワートイレ）がついている
・便座のウォーム機能で、真冬でも便座が冷たくなかった
・トイレの個室の中に、赤ちゃんのためのベビーチェアがついている
・用を足している音が漏れないように、川の流れの音など擬音装置がついている

・パウダールームが広くて清潔
・ドアの密閉率が高い（足元まで隠れて完全にプライバシーを守れる）
・非常ベルがついている
・空室かどうかがランプの明滅によってわかる機能を見かけた

清潔できれい、そしてトイレを快適に過ごすための工夫がなされていることに、大半の方がインパクトを感じていたようです。

とくに多かったのが「用を足している音が漏れないように、川の流れの音など擬音装置がついている」というもの。ズボンやスカートなどをおろして、「さてこれから」というときに、どこからともなく川のせせらぎや鳥の声などが聞こえて来て「なんだ？　外に音が漏れているのか？」と海外の利用者が慌てたという笑い話もあるそうです。

また「ドアの密閉率が高い」というのは、日本ではあまり意識することはありませんが、海外に行くと、そこで驚く理由がはっきりわかります。

欧米だけでなくアジア文化の中でも、トイレの仕切りは「必要な部分だけを隠す」という意識がまだあるのです。つまり、便器に座って排泄をしていても、顔や表情はおろか、足元を見ると服を脱いでいるのもまるわかり……。

日本人の常識や恥じらいからすると、「用を足している姿を人に見られるだなんてとんでもない！」と思うでしょうが、まさにそれこそ「所変われば品変わる」の代表的な例えだとも言えます。

日本のトイレは基本的な機能もスゴイ！

実は、いま紹介した数々の機能を上回る「だから、日本のトイレはすごい」という声もあります。

- **トイレットペーパーがそのまま水で流せる（下水整備がしっかりしている）**
- **トイレに専用のスリッパがある（盗難のリスクが低い）**
- **流す水の量が大小に分けられる（節水意識＝エコ意識がある）**
- **トイレそのものを無料で使える（誰でも入れる場所なのに破損や占拠の心配がない）**

日本で暮らしている私たちにとって、こうした声を聞くと、「エッ、海外だとそんなに基本スペックが低いトイレが多いの？」と思うものです。

たとえば、水洗トイレで水を流して、トイレットペーパーが流れないなんて日本では考えられないことでしょう。さらに、無料のトイレが比較的きれいに管理されているというのも、日本の治安の良さを物語っていることだと、国内で暮らしている私たちは案外気づかないものなのです。

世界各国を見渡すと、実際に水洗ができないほど、都市機能に下水が組み込まれていない地域はありますし、盗難や不法占拠などの被害が多い地域があります。そういうところは、えてして治安がよくありません。トイレという一面だけを見ても、日本の安全度が高く、道徳意識が高いことがうかがえるのです。

第2章
トイレで会社の売上げが変わる

わかる人は店に入った瞬間、臭いに気づく

トイレの悪臭にもっとも敏感なのは、どんな方だと思いますか?

あるお父さんが娘さんを連れてコンビニに行くことがあったそうです。その親子が暮らしているのは郊外の、車がないと不便な土地ですので、近場のコンビニといっても車での移動です。

お父さん、さてA社のコンビニに行くか、B社のコンビニに行くか、どちらにしようかと娘に聞くと、娘さんはB社と答えました。不思議なことです。なぜならば、A社のほうが距離的に近いわけですから。何かお目当ての商品でもあるのかとお父さんが尋ねると、娘さんが一言。

「だって、Aのほうは、トイレが臭いし、汚いんだもん。とても行く気になれない」

コンビニのオーナーさんからすると、死刑宣告に等しい一言です。別の例もあります。あるカーディーラーの売上が最近増えたと聞きました。その理由を尋ねると、社長の奥様が一言。

「トイレを徹底的にきれいにするように社長に言ったのよ」

そのディーラーのショールームにあるトイレは、確かに今までお世辞にもきれいだとは言えませんでした。夜討ち朝駆けでお客様を訪問して商談するような、以前の商法とは異なり、最近ではキャンペーン時にお客様をショールームにお招きするやり方が増えています。でも、奥様が指摘されるまで、「トイレがにおうのは仕方がない」という考え方が社員の中に根強くあり、多少の清掃はするものの、頑固な汚れと悪臭が残っていました。

さて、先ほどのコンビニの例をヒントに、ここまでお読みいただけたらお分かりになるでしょう。なぜそのディーラーの売り上げが増えたのか。

理由は、トイレを徹底的にきれいにすることで、ファミリーでご来店なさるお客様の、特に「女性」側に気に入られるようになったからです。

家族の中における女性は、妻であれ、娘であれ、何かと決定権を持っているものです。そして女性は、トイレの美化意識を特によく見ています。つまり、トイレが汚いというだけで、すでに女性から敬遠されてしまい、ひいては購買機会を失ってしまうことにもなりかねないのです。

トイレで売り上げが変わる謎

「トイレをきれいにしているだけで、売上が変わってくる」と聞くと、経営者の反応は2つに分かれます。

ある経営者は、「その通りかもしれない」と、トイレ清掃に意識を向けるようになります。かたやある経営者は、「トイレひとつで売上なんか変わらない」と突っぱねるだけです。結論から言うと、前者のほうが売り上げを上げる可能性は高いでしょう。逆に後者のほうは、どれだけマーケティングを駆使して、売り場の工夫をしても、いまいち売り上げがあがりにくいという危機に直面するのではないでしょうか。

これだけ断定できるのは理由があるのです。きれいなトイレと汚いトイレを並べると、当然ながらきれいなトイレを使いたいと思うのが人間心理です。好んで汚いトイレに入りたいと思う人はいないでしょう。

顧客心理にあてはめると、急にトイレにいきたくなって、周囲に公衆トイレがない場合、「トイレだけお借りしたい」とお店のトイレを借りるかもしれません。その際に、「ついでにこのお店で買い物を済ませよう」とか「店を探すよりここで食べていったほうが早い」などと購買心理をうながされ、商品やサービスを購入してくれるケースもあるはずです。

誰しも、毎日何かしら必要な買い物リストが頭の中にあるものです。そんなときに、トイレを借りに入ったお店で必要なものが買えるならば「ついでに」と商品に手を伸ばすのは至極自然な流れです。また飲食店の場合は、のどが渇いたりお腹がすいたりしているとき、やはり「ご飯を食べるついでにトイレを借りよう」と、一石二鳥の行動をできるようにするものなのです。

それだけではありません。きれいなトイレを使えるとなると、その店の印象は記憶に残ります。「この近辺に立ち寄ったとき、この店を覚えておくと「きれいな」トイレに困らない」とインプットされます。すると、リピーターにもなってくれやすいのです。

これが汚いトイレだと「二度と来たくない」「早くこの店から出たい」など、大事なお客様をむしろ遠ざけてしまうことになります。きれいなトイレは福の神だと考える経営者は、経営センスのある人物であると言えるのです。

トイレのレベルがサービスのレベル（おもてなしの心）

東京オリンピックの周知活動でよく使われていたことが記憶に新しい「おもてなし」という言葉。知っているようで、その意味の本当のところを知らないという人も少なくはないでしょう。

実は、「おもてなし」には2つの語源があります。ひとつは、言葉の通り、お客様を「もてなす」といったときに使われる「もてなす」という動詞の丁寧語。「モノを持って成し遂げる」という使い方からきており、お客様に応対する際の扱いや待遇についての意味があります。

もうひとつは。「表裏無し」という語源。やはり読んで字のごとくですが、表裏のない純粋な心持ちでお客様をお迎えするという意味になります。

とくに思うのは、たとえばお客様をお迎えする店舗の表側、つまりお客様をお迎えする接客空間だけをきれいにして、裏であるトイレやバックヤードが汚れたりしている店は、名実ともに裏が透けて見えてしまいます。

ガソリンスタンド業界の機関紙のひとつで、トイレを評価するコーナーを連載している媒体がありました。覆面《ふくめん》調査員がガソリンスタンドをランダムに回り、調査した結果を記載するトイレ版ミシュランガイドのようなものです。

ガソリンスタンド業界でこのような取り組みが行われているのには理由があります。数十年前まで、ガソリンスタンドは油の臭いとくすんだ汚れ、またトイレについてもお世辞にもきれいなイメージは想像できない場所だったのです。

「ガソリンスタンドだからガソリンが入れられればそれでいい」という考え方では、もはやお客様の共感は得られないのです。

女性ドライバーやファミリーユーザーが増えるにしたがって、トイレがきれいな店舗と売り上げを上げられる店舗の比例関係が明らかにもなってきました。つまり、トイレの美観や清潔感を維持できないスタンドは、売上を上げられないため、清掃啓蒙のために機関紙にこのようなコーナーを設けてあるのでした。

誠心誠意、お客様のことを思うということを態度で示すために、トイレまでしっかりときれいにして、「表裏のない店」というアピールをしてみてはいかがでしょうか？

観光地でもトイレが大きな差になる

美しい景観があり、国宝級の観光資源がある、旅行の思い出にぴったりの観光地……。ありがたいことに私たちの暮らす日本には、そのような素晴らしい観光スポットやエリアがたくさんあります。

しかし、「景勝は美しいものの、トイレに入ってしまって幻滅した」という話もよく聞きます。確かに、観光地にあるトイレは、キレイに清掃され、清潔感を保たれているところも少なくはありませんが、悲しいかな、トイレに入る前から悪臭が漏れ出ているような不衛生な状態のトイレもあるのが現実。これではせっかくの旅行やレジャーが台無しです。

とくに観光産業で成り立っているエリアの公共トイレがこのようなありさまでは、観光客から「せっかくの休日は気分良く過ごしたいから、以前、トイレでひどい目にあったあの観光地にはもう行きたくない」と思われても仕方がありません。そうなると、そのエリアで営業をしている方々にとっては大打撃となってしまいます。

そうならないように、最近、市区町村など自治体単位でトイレ美化のための取り組みが本格化してきました。公共トイレを美しく保つだけでなく、店舗などでトイレを借りる際も、一様に「このエリアのトイレはどこもきれいだ」という印象を抱いてもらえるような取り組みです。

たとえば、16年ほど前に群馬県が主体となって始めた「ぐんまビジタートイレ認証制度」。簡単に説明すると、「ぐんまビジタートイレ認証基準」を満たしたトイレを、誰もが清潔で安全・安心・快適に利用できる優秀トイレとして群馬県が認証するというもの。

この「ぐんまビジタートイレ認証制度」で晴れて認証トイレと認められた設置者には、認証マークが付与されます。それを貼っておくことで、認証制度を知っている人が「ここは県が美化を保証しているトイレなんだ」と、安心して使えるようになっています。

認証期間は原則として2年間。ただし、期間内に認証機関による検査もあり、以前は認証条件をクリアできていたとしても、維持管理状況によっては認証を取り消される場合もあります。常に利用者にとって最善のトイレ環境であり続ける。こうした誠実な美化の取り組みが徐々に広がっているのです。

群馬県以外で各都道府県がトイレ認定制度に取り組んでいる先は、高知県「おもてなしトイレ認定制度」や長野県「信州まごころトイレ認定制度」などがあり快適トイレ、おもてなしトイレは全国に広がりつつあります。

その他に一般社団法人日本トイレ協会がおもてなしの心がこもったトイレに「グッドトイレ」と名付け、普及を図る活動を進めています。心のこもったトイレ清掃をされて貴方のトイレも登録しませんか。トイレ掃除の方法などがよく分からないなどとお考えの方はお問合せください。全国の当社のお取引先がご支援いたします。

ぐんまビジタートイレ認証制度

いかに優れた観光地であっても、トイレの印象が悪いと観光地全体の印象が悪くなってしまうことがあります。

群馬県では､トイレも観光の一翼を担う「ホスピタリティ」〈もてなし〉の場ととらえ、公衆トイレのブランド化に取り組んでいます。

1　認証の種類

設置環境ごとに４タイプあります。

まちなか

商店街や温泉街､観光施設が集まった場所やその周辺等で､ビジターが散策途中で立ち寄るトイレ。

道路脇

主要な幹線道路や観光道路沿いに立地し、ビジターがその移動途中で立ち寄るトイレ。

登山・ハイキング

山岳地や自然公園内のトイレ。

施設内

観光施設や文化施設などの建物内部に設置されたトイレ。

2　認証マーク

認証トイレ設置者には、
「**ぐんまビジタートイレ認証マーク**」が
付与されます。

3　認証期間

原則として２年間。(ただし、期間内に認証機関による検査があり、その維持管理状況によっては認証を取り消す場合もあります。)

草津温泉湯路広場トイレ

富岡製糸場診療所北便所

＊群馬県ＨＰより

トイレも売り物だという考え方

トイレに対して意識が高い企業や店舗は、そもそもトイレを設計する段階から意識が違います。「トイレは用を足すだけの、長居しない場所」として力を入れないケースがだんだんと減ってきているのです。

基本的に、日本の労働安全衛生法では、トイレについてさまざまな規定がなされています。とくに中心となるのが換気回数です。「建築基準法」の指針では10回前後、「衛生試験所」では15回が指針となっています。端的に言うと、1時間に15回、トイレ内の空気が入れ替わるような設計になっていないといけないのです。

もちろんこれは最低条件であり、15回を入れ替えたから、すなわち快適なトイレ内環境になるというわけではありません。ここからプラスアルファの要素をいくつも重ねて、トイレを快適な空間にしていくわけです。設計段階から、このプラスアルファをどれだけ意識できているかどうかで、実は店舗やオフィスのブランド力も変わってきます。

加えられるものとして、ひとつに「掃除のしやすさ」があります。これは便器の形状、またフロアの素材など、掃除を考慮したセッティングを行うというものです。床に水を流して掃除をするのではなく、乾いたモップで掃除する方式にするなどです。

もうひとつは、トイレそのものの空間イメージをアップさせるというものがあります。つまり、冒頭の「トイレは用を足すだけの場所」「トイレは長居しない場所」という考えを根本から変えて、トイレそのものの在り方を変えていくというものです。

この試みをしている商業施設などは数あり、パウダールームをオシャレで機能的にすることによって、トイレは「大事な人に会う前に、メイクをする場所」にしたケースもありますし、ドライヤーやアイロンを使用できたり、個室のしつらえを変えることによって着替えをしやすくすることで「昼の仕事着から夜に繰り出すためのファッションを変える場所」というイメージをつけているトイレもあります。

また、トイレの設計そのものを、あえてデザイナーにオーダーするというケースも目立ち始めてきました。たとえば、「海ほたるパーキングエリア」のトイレは、男性用小便器に向かうと、海の眺望が開けるように窓をしつらえてあります。

台湾の台中にある「中友百貨店」のトイレは、フロアーごとに「コカ・コーラ」や「チョコレートの恋人」「お姫様」などテーマの違うトイレが常設され話題となっていて、そのトイレを多くの人が見学に訪れているそうです。私もぜひ見学に行きたいと思っています。

こうした工夫を取り入れることによって、トイレの価値を変えていく傾向があるのは素晴らしいことだと感じています。

台湾、台中の百貨店
「中友百貨公司」のトイレ

ピンクを基調にしたメルヘンチックなお姫様トイレ。

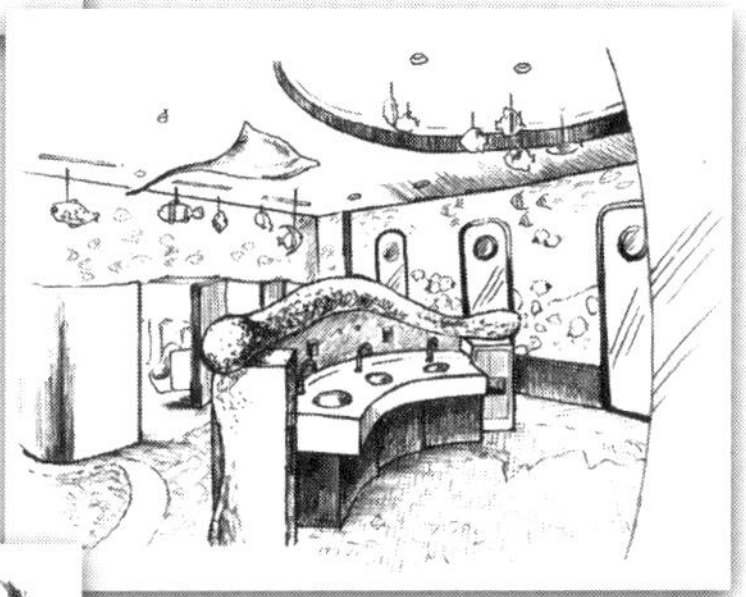

「海底総動員」という水族館のような親子トイレ。

全面ブラウンのチョコレートで覆われたトイレ。

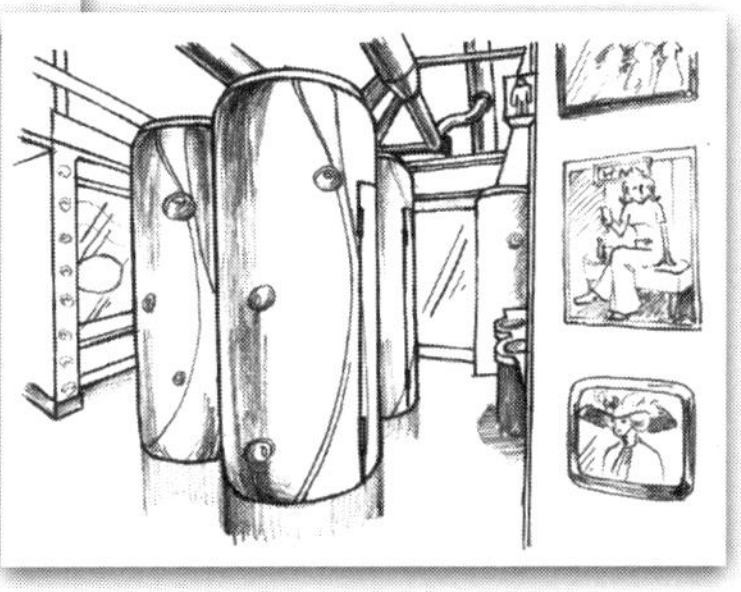

コカ・コーラの真っ赤で巨大な缶が印象的なトイレ。

清掃人の高齢化がもたらすもの

トイレ清掃業界が今後発展していくために、何が必要かと考えると、やはり「人」に集約されてきます。どれだけ洗浄剤やブラシなどのトイレ専用の清掃用品の性能が上がっても、やはり掃除をするのは「人の手」によるからです。

実は、トイレ清掃業界は今、人材確保の面で大きな試練のときを迎えています。世間的には高齢者の雇用が促進されていますが、高齢者の層だけが多く、若年層の採用が非常に難しくなっているのです。

高齢者といっても、採用募集を出すと、70代の人材もかなり多く、60代で応募してくる人はかなり若いほうに入ります。ましてや50代ともなると、面接官が驚くような若さ……ということになってくるのです。

無論、高齢者がいけないというわけではありません。実際、私の知っている限りでも戦力として大活躍している方々も多くいます。しかし、高齢化にともなうリスクもあるのです。

たとえば、便器付近の床や壁などに飛び散ったものを掃除するにはかがみこんだり、低姿勢で作業することも求められます。そうなると高齢者には体力的、身体能力的（腰を曲げにくい、膝を動かしにくいなど）に負荷がかかってしまうことがあります。

また、酸性の薬剤や尿石除去剤など、強力な洗剤を使う際は、取り扱いのための専門的な研修やトレーニングがあります。しっかりとトレーニングを受けてもらうのは、たとえば、使用する洗剤の洗浄力が強力であるがゆえに、取り扱いを間違えると、人体に悪影響を及ぼさないとも限らないからです。

ただし、車の運転と同様に、いかにトレーニングを受けても、加齢による集中力の低下やミスのリスクは上がってしまうもの。人的な事故を防止するために、高齢者には特殊な洗剤ではなく、一般的な中性洗剤を使って、それでできる範囲の作業をお願いすることになります。

もちろん中性洗剤でも殺菌性能などはしっかりとありますので、トイレ掃除の効果は十分にあります。しかし、あまりにもひどい汚れなど特殊な状況には対応できません。つまり、人的補充はともかく、特殊な洗浄剤を使った作業レベルに達するスタッフが少なくなるという問題は残ったままなのです。

人員不足と外国人労働者の受け入れ

近年、コンビニなどを中心に、外国人労働者が働いている姿を多く見かけます。日本の各産業において、外国人労働者のマンパワーはもはや不可欠になっていると言っても過言ではありません。

それを裏付けるように、2018年12月、国会で改正入管法（出入国管理及び難民認定法及び法務省設置法の一部を改正する法律）が成立し、2019年4月から、介護業、ビルクリーニング業、素形材産業、産業機械製造業、電気・電子情報関連産業、建設業、造船・舶用工業、自動車整備業、航空業、宿泊業、農業、漁業、飲食料品製造業、外食業という14業種における、外国人労働者の受け入れ拡大が法律によって認められるようになりました。

前項で、人材の高齢化による問題に触れましたが、「それでは外国人労働者の雇用啓蒙について検討してはどうか」というご意見をいただくことがあります。確かに、新法が後ろ盾となって、大手の清掃会社には外国人も派遣されているでしょうから、業界全体での人材不足の解消という点では外国人労働者は大きな潜在層となりえます。

叶うならば、世界でも有数のトイレ美化意識が高い日本でトイレクリーニングの知識と技術を習得し、自国へ戻って活躍できるようになってもらえると、日本における人材不足の解消になるだけでなく、世界各国のトイレ美化にも貢献できるかもしれません。経営者としての視点で見ると、これは販路拡大にもなりますので魅力的です。

ある小さなロールタオル製造販売会社に務めていた南アフリカ共和国出身の従業員がいました。社長が高齢になり、会社をたたもうかと考えていたとき、その従業員が「南アフリカでこの事業をやりたい」と申し出て、実際に南アフリカで独立したそうなのです。そして、現地でとても活躍しており、大きな貢献をしていると聞きました。

世界を見渡すと、大変不衛生で劣悪なトイレ環境の国はまだまだ多くあります。日本の人材不足を解消するという意味だけでなく、日本で獲得した、その分野の技術、知識をもって郷里に貢献する。そのような国家間、地域間の繋がりが生まれてくるならば、外国人労働者を受け入れていく意義もあるでしょう。

汚物逆流の大惨事は未然に防げる

トイレにまつわるトラブルのひとつに、〝汚物の逆流〟があります。

文字通り、一度流したはずの排泄物《はいせつぶつ》が、パイプの環境異常によって逆流してきて、トイレからあふれ出てしまうのです。悪臭と汚れの度合いがとてもひどく、それを放っておくと、住居であれば生活に、ビジネスであればお店やオフィスの機能に大きく影響を与えてしまいます。

そもそも、どうして逆流現象が起きてしまうのでしょうか。

結論から言うと、トイレの下水パイプが詰《つ》まってしまうことにより、排泄物が流れ切らず、流す勢い（力）の行き所がなくなってしまうため、排水口のほうへと向かってくるのです。

下水パイプが詰まる理由は明確で、本来流すべきではないものを流し、それが流れ切らずにパイプの壁面に付着、パイプの直径が次第に狭くなっていくため。詰まりの原因になる要素はさまざまですが、水に流せない紙（掃除で使用したペーパーナプキンやトイレ不対応のティッシュなど）や、トイレボールなどが主なところです。

トイレボールというのは、主に男性用小便器で見ることができる、色付きの芳香剤です。トイレボールは、水に溶けると考えられがちですが、実は空気に触れて溶けるもの。つまり小便器の目皿《めざら》の上に置いてあるうちは空気に溶けていきますが、やがて小さくなり、目皿をすり抜けて配管の中に侵入してしまいます。配管の中は空気量も少なく、トイレボールが溶けにくい環境下ですので、残骸は少しずつ配管に詰まってしまうのです。

トイレボールの主な成分は防虫剤と同じで、空気で成分が飛散して便器内から発生する悪臭をマスキングする目的の薬剤です。トイレボールの成分は空気より重いため、悪臭をマスキングします。正しい使い方は便器の側面に吊るして使用します。水に浸ったら溶けません。

配管詰まりがもとで、逆流が起きた場合、損害賠償金は時として数千万円に及ぶ場合があります。トイレだけが汚れるのではなく、場合によっては階下まで汚水が及んでしまう場合も少なくないのです。

最近では、洋式便器に尿漏れパットや使い捨てのコンタクトレンズを流していたなどの例も聞き及びます。

男子トイレにはゴミ箱はほとんど設置されていないため、尿漏れパットを男子は捨てるところがなく、棚などに置いていくならまだマシですが、便器に流してしまい詰まりの原因になってしまう事例も発生しています。

今後は、男子トイレにも女子トイレと同じように、サニタリーボックス（ゴミ箱）の設置が必要ではないでしょうか。

コンタクトレンズなどは、どこにも引っかからないで海にたどり着きますし、流れている間に小さくなるので小魚がそのまま食べてしまい、体内に残留してしまうこともあります。


トイレにモノを捨てる人のマナーを正すのはもちろんですが、ゴミ箱の設置など、捨て場所がなく困らないための配慮も同時に必要でしょう。

当社では、手をかざせばフタが自動開閉する衛生的なサニタリーボックス「フレナイン15ℓ」と「フレナインミニ7ℓ」を販売しています（120頁参照）。

第3章 知って得するトイレの知識

なぜトイレに悪臭が発生するのか

悪臭トップランカーのトイレ

「わっ、くっさーい！　こんなところ一瞬でも長くいたくないから、さっさと出よう」

汚れと臭いがきついトイレに入ると、誰しもがこう考えるのではないでしょうか。トイレの清掃に関わる業者のひとりとして、トイレがこのようにネガティブに見られることはとても悲しいものです。

家庭やオフィスを見渡すと、ほかにも悪臭が発生する場所は少なからずあるはずです。キッチンやお風呂場の排水口を放っておくときに出る臭い、生ごみが入ったごみ箱の臭いなど、実は人間生活の中には悪臭が潜む場所はごまんとあるのです。

しかし、トイレはその中でも群を抜いて、悪臭が発生する場所のトップランカーになりやすいものです。

なぜならば、トイレの悪臭はツーンと鼻の奥を刺激し、やけにインパクトが強いものだからです。どれだけ他の場所を清潔にしていたとしても、トイレで一瞬「臭い！」と思われただけで、「もうあのトイレには行きたくない」と思われてしまいます。それほど強い存在感を放っているのです。

では、このインパクトの強い悪臭の正体は何なのでしょうか？

原因はいくつかありますが、たとえば尿のアンモニア。アンモニアの成分は空気より軽いため、便器、床、壁等から臭うのです。ですから湿り気があるときより、乾くともっと臭くなります。

尿に含まれるアンモニア臭が、ツーンと鼻奥を不快にさせる第一波なのですが、これだけだと水に流せば収まるはずです。

問題はここから。尿がさらに変化して尿石となり便器にこびりついてしまうと、水で流すことができなくなってしまいます。つまり、悪臭発生装置がずっと便器に張り付いたままになっているわけです。

では、尿石とはいったいなんなのでしょうか？

尿石というのは、人間の尿が化学変化を起こしてできた物質です。尿にたくさん含まれている尿素がウレアーゼ酵素という酵素で分解され、アンモニアに変換されます。すると便器内がアルカリ性に傾き、カルシウム化合物ができやすくなってしまいます。この化合物こそが尿石なのです。

要するに、人間の歯に歯垢が溜まり、歯石ができるように、尿の残骸が人知れず便器に溜まり、石化していくと思ってもらえるといいでしょう。

尿石が便器にくっつくと、尿石自体がアンモニア臭を自動的に放ち続けることになってしまうため、換気をしてもトイレにこもった臭いがなかなか抜けなくなってしまいます。それればかりか、尿石はさらに悪事を重ねます。

尿石を放置してしまうと、まず、便器に黄色や茶褐色の汚れが付着し、トイレの美観が損なわれて不潔感が増します。また、バイオフィルム（代謝物と細菌によってできたヌメリを持つ物質）などとともに配管詰まりを発生させます。ドロドロのバイオフィルム（ソフトスケールとも呼ばれます）が目に見える状態になると、もう臭くてその場に長居することは不可能に。尿石の除去ができていないことで、悪臭のスパイラルから抜け出せなくなってしまうのです。

「でも、用を足した後はちゃんと流しているし、掃除だってちゃんとしているし……」

確かに水で流すとある程度は流れますが、表面上だけのこと。便器の構造は案外複雑なもので、たとえば男性用小便器を例に出すと、小便器トラップ部の裏側、排水口入口付近などに付着した汚れが水洗による線上ですべて流れ切っているわけではないのです。

また洋式大便器だと、座部の下にあるリム部と呼ばれる箇所の裏側、床との接合部などに汚れが溜まりやすく、尿石ができやすくなります。

さらには尿の跳ね返りで床が汚れてしまい、アンモニア臭が残ってしまったり、タイルや、タイルの目地に付着した尿が尿石となって悪臭を放つこともよくある例なのです。

トイレ清掃は言わば「臭い清掃」

五感によってよみがえる記憶や思い出

皆さんは、ある臭いを嗅ぐことで、昔の記憶がよみがえってきたという経験はないでしょうか？

たとえば土や草の臭いを嗅いで、野原を駆け回って遊んでいた子供のころの思い出がよみがえったり。海辺の潮風を浴びて、初めて好きな人と一緒に海辺をデートしていた風景が呼び起こされたり……。

よくあるのは、古い木や鉄筋の臭い、土埃の臭いやチョークの臭いと合わさって、学校の校舎を思い出すということでしょうか。思い出された記憶は、やけにリアルで、情感すら漂うようなものであるかもしれません。とにかく、臭いは懐かしい思い出を再生させるスイッチになりやすいのです。

もちろん嗅覚以外の感覚によってもたらされる思い出もあるでしょう。故郷の街並みと似たような街並みを見ると親近感を感じるものですし、年配の方が青春時代のヒット曲を耳にすると、若く躍動感にあふれたかつての自分の感覚を呼び戻すこともよくあることです。中には、「この曲を聞くと、別れたカレのことを思い出して、今でも胸が締め付けられる」という人もいるでしょう。

そんな五感の中で、実は嗅覚と結びついた記憶は特別に鮮明なものなのです。

臭いがトラウマを根付かせる？

人がトイレで感じる一番のインパクトは臭いです。実は、臭いというものは人間の記憶に強く結びつきやすいもの。というのも、嗅覚は、味覚や触覚など五感の中で最も原始的な感覚だからです。

臭いを感じるセンサーとなるのは、鼻の奥のほうにある嗅細胞《きゅうさいぼう》という細胞です。鼻の奥、だいたい手の親指の面くらいの広さに（約２・５平方センチメートル）に５００万個ものセンサーがずらりと並んでいるのです。

臭いの成分が嗅細胞の先にある嗅線毛に付着すると、嗅細胞から脳へとダイレクトに電気信号が伝えられる仕組みになっています。

近年の研究によると、太古の昔、人類がさまざまな感覚情報を進化させる以前から、嗅覚からの情報だけは今の伝達プロセスと同じだったようです。一方で、嗅覚以外の感覚情報は、感覚器から脳へとダイレクトには伝わらず、視床《ししょう》という脳の一部を経由して脳へと伝わっていくようになっています。

つまり、嗅覚は研ぎ澄まされた伝達情報であるために、鮮烈な印象が残りやすいと考えられています。したがって、トイレを清掃する際には、まず悪臭そのものを除去しなければ、「ちゃんと掃除をしていないな」という印象はぬぐえません。もちろん黄ばみや黒ズミなど、目に見える汚れへの対策も重要ですが、「一に臭い除去、二に臭い除去、三四がなくて、五に臭い除去」なのです。

男性の場合は、ササッと用を足したあとはトイレからすぐに出がちですが、女性の場合は少々使い方が異なります。用を足すだけでなく、化粧直し、携帯電話のメールチェックまたはは電話そのものをする場所として、トイレという空間を多機能にとらえています。

たとえば、女性客が初めて訪れるレストランやバーであれば、トイレの快適さも再来店のための重要なきっかけになっていることは言わずもがな。せっかくお店の雰囲気や料理は素晴らしいのに、トイレの減点が大きかったために、リピーターを逃がしてしまう……なんてこともありえるのです。

女性に限らず、日本人は潔癖なタイプが多く、トイレの美化管理においても高いサービス性を求める傾向にあります。よりクリーンなイメージを訴え、臭いの残らない清掃と臭い予防が求められているのです。

なぜメンテナンスをしなければいけないのか

すがすがしいトイレを取り戻す

トイレ掃除をまったくやっていない、またはごくたまにしかやっていないというトイレを想像してみてください。悪臭、黄ばみや黒ズミなど、さまざまなマイナスイメージがあふれて、1秒でもいたくないという気持ちにさせるものです。

公衆トイレなどでよく見かけられる「悪臭と汚れの温床となったトイレ」は、人を寄せ付けなくなります。きれいなトイレならばともかく、そのように汚れの極致に至ったトイレは、どうしても周囲にトイレがなく、緊急事態の場合には致し方なく利用することもあるでしょう。ですが、男性トイレでは、トイレに入る前に息を止めて用を足すというシーンなんてのもあったりしそうです（女性の場合はそうはいかないでしょうが）。

反対に、衛生管理が行き届いたトイレは、嫌悪感どころか、逆にすがすがしい気持ちにさえさせてくれます。もちろんずっとそこに長居しようだなどとは思わないかもしれませんが、少なくともトイレに入る前と後で、ストレスが増えているとか、嫌な気持ちになるとか、食欲が減退するということはないはずです。

ここで重要なポイントがひとつ。

実は、プロフェッショナルではない一般の方が掃除をしたとしても、トイレ本来が持つすがすがしさを完全に取り戻せるわけではありません。トイレのことを知り尽くしたプロが作業をしないと、どれだけ「徹底的に掃除をしたぞ」と自信があっても、必ずどこかに汚れの落とし残しが出てしまうからです。

つまり、一般の方々のトイレ清掃テクニックでは物足りず、定期的にプロの清掃人によるメンテナンスを入れたほうが、トイレ本来のすがすがしさを取り戻せるのです。

プロのテクニックはどんなトイレに必要か

プロフェッショナルによるメンテナンスの重要性は、一般家庭より、むしろ公共空間（レストランや企業のトイレなど）のほうが高いと言えるでしょう。

理由はいたってシンプルで、お客様やスタッフが大勢集まる場ですので、それだけトイレの利用頻度が高くなるからです。つまり、頻度が高まれば汚れやすくなり、便器に尿石がこびりつく割合も必然的に多くなります。

男性用小便器の場合、尿石が付着し始めると、最初は薄皮が重なるようにこびりつくものが、だんだんと積み重なってくるようになります。つまり層が厚くなるにつれて、尿石自体が立体的になってくるのです。そして、最後にはカチカチの石が便器に張り付いているような形になってきます。

こうなると、もはやブラシで落とせるレベルの汚れではありません。尿石は水に溶けませんので、除去剤を使って、ひとつひとつ溶かすしかないからです。

一方、配管の内側にこびりついた尿石は、固形の尿石除去剤を使用して２、３日かけて除去する方法もありますが、たとえ尿石除去剤を使用しても、一般の方が手に負えるシロモノではなくなります。位置的にも、プロが使用する特殊な高圧洗浄機でないと対処ができない場合があります。

さらに汚れを落とすだけでなく、再び尿石が付着しにくくするために、洗浄後には尿石付着防止剤を設置しておく必要があります。とくにこの防止剤の使用が極めて重要で、これを定期的に設置し続けているトイレは、その後、尿石の付着はもちろん、配管の詰まりなどがひどくなることはほとんどありません。

間違えやすいのですが、トイレのメンテナンスは、単純なトイレ掃除とは大きく異なり、ブラシ掃除をしたり磨きをかけたりするだけではありません。

メンテナンスをしたあとに、再び汚れがひどくならないよう、汚れ防止を見据えた対策までをも、ワンセットだと考えるべきなのです。

メンテナンスは、トイレ清掃の知識がない人にとってはハードルが高いため、使用頻度の高いトイレこそ、プロに任せるべきだと言えるでしょう。

なぜ素人の掃除には限界があるのか

がんばっても掃除しきれない？

トイレの悪臭の原因となる尿石は、想像以上にガンコな性格をしています。人間でも「一度こうだ」と決めたら、テコでもやり方を変えない人がいたりしますが、尿石も一度石化してしまうと、意地でもその場を離れようとしません。

たとえ市販の洗浄剤を吹き付けても、強めの水流をぶつけても、一度石化してしまうと、簡単に落とすことができなくなるのです。

そこで考えがちなのが、力技で便器から尿石を引きはがそうとすること。でもこれは絶対にやってはいけない方法です。無理にこそぎ落とそうとすると、便器のコーティングはおろか、表面の素材までをも巻き込んで引きはがしてしまうことになりますので、便器が傷んでしまい、結果としてさらに汚れやすくなってしまいます。

そもそも、便器の隅々まで掃除をするといっても、実は便器のかなり細かいところまで神経を配らなくてはいけません。ハッキリ言って、便器掃除のノウハウを持っていない人では汚れを落とし切ることはほぼ不可能なのです。

プロのこだわりは「手順」にあり

ところが、プロフェッショナルの清掃人がトイレ掃除をすると、まるで新品の輝きのようにキラキラとした輝きが生まれるのでみなさんは驚かれます。

一般の方もプロフェッショナルも、同じ人間です。もちろん技術的な違いや使用する薬剤の違いはあるでしょうが、なぜプロがやると違ってくるのでしょうか。

一般の方とプロの最大の違いは、知識と経験に裏打ちされたトイレ清掃の適確な手順と、洗浄剤をはじめとする清掃用具の効果的な使い方にあるのです。

「ガンコな汚れといっても、高圧洗浄機をかければすぐにとれるのでは？」というお考えも、時折耳にしますが、これもそう簡単な話ではありません。高圧洗浄機は諸刃の剣で、あまりにも勢いや圧が強いため、正しい使い方をしないと便器や床面・壁面を傷つけてしまうのです。

トイレ清掃のプロが高圧洗浄機を使う場合は、便器の素材や汚れに対する高い知識量と経験をもとに使用しているのです。「餅は餅屋」と言いますが、トイレ掃除には、この言葉がぴったりと当てはまるのです。

トイレ清掃のプロが使う用具

この「スコッチ・ブライト™ トイレ用 柄つき スポンジ たわし」は、清掃員の人手不足、高齢化問題を解消するための新しいアイテム。人間工学に基づいた身体に負担の少ないたわし。

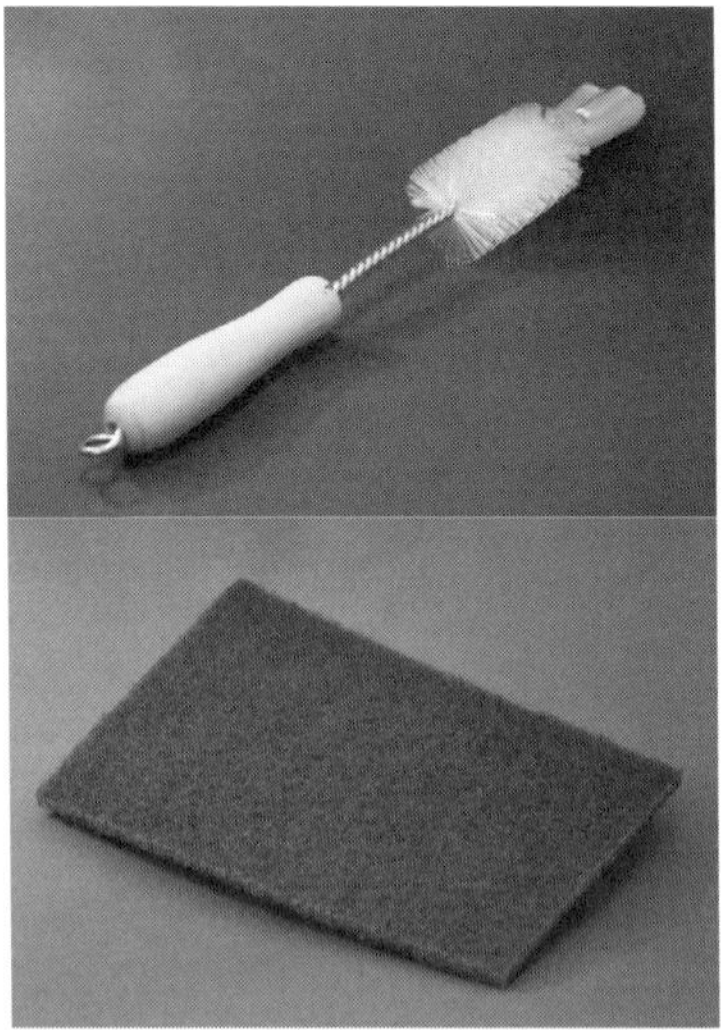

強力なプロのアイテムである「ねじりブラシ」（上）と「スコッチ・ブライト™ ハンドパッド業務用 No.7447」（下）

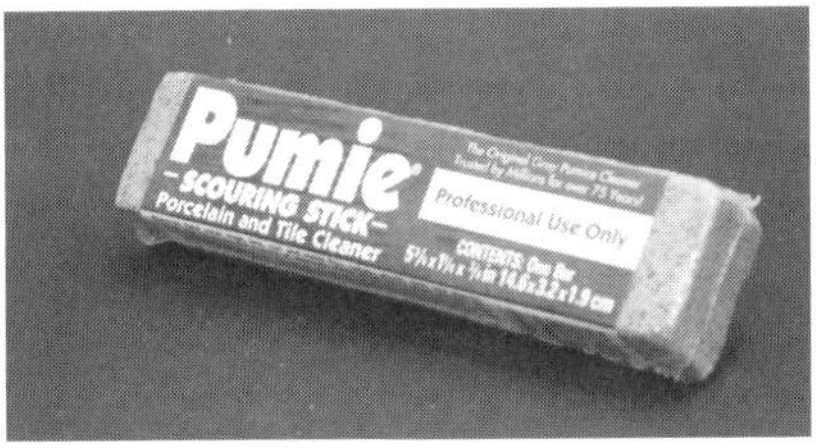

アメータが販売する
トイレ清掃のプロ用
洗浄剤など

衛生陶器用研磨剤
「ピューミー」

尿石除去剤
「マリンクール 101」

衛生陶器用クリーナー
「マリンクール 105」

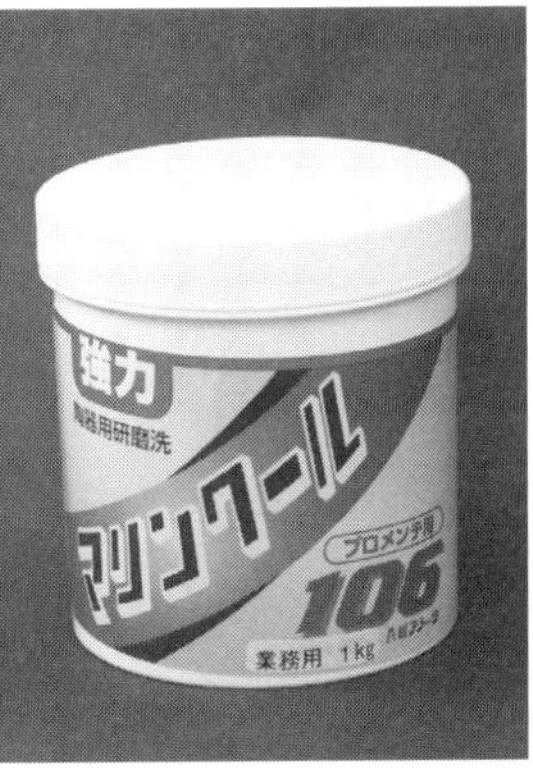

衛生陶器用水あか取り
「強力マリンクール 106」

ステンレスクリーナー
「マリンクール 107」

衛生陶器用コーティング剤
「マリンクール 108」

水洗撥水コーティング洗剤
「マリンクール 109」

＊掲載商品の小売り販売はいたしておりません。

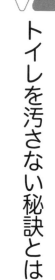

トイレを汚さない秘訣とは

清潔感を保つにはモラルが必要

トイレだけに限らず、日常的に使うものはとかく汚れていくものです。当たり前の話ですが、使うから汚れるのであって、使わなければ汚れることはまずありません。トイレだって、人間が用を足さなければ尿石だってソフトスケールだってこびりつかないわけですから。でも、トイレがあるのに「汚れるから使用禁止」なんてわけにはいきませんので、できるだけ汚さない工夫を取り入れていくことが重要です。

実は、トイレを汚さない最大の工夫は「モラルを浸透させること」です。モラルとは、「皆で使うものだから、できるだけ汚さず、他の人も気持ちよく使えるようにしよう」という意識とも言い換えられます。ひとりひとりの利用者が丁寧に、できるだけ汚さないようにトイレ空間を大事に扱うと、目に見えてそのトイレが汚れにくくなっていくのです。

トイレの扱いひとつで人間力がわかる

たとえば、こんなエピソードがあります。

名門と呼ばれるあるゴルフクラブのコースに行ったときのことでした。トイレに入ると、ひとりのメンバーが、自分が使用した後の洗面台を丁寧に拭いているのです。

このメンバーは、もちろんクラブのスタッフではありませんし、清掃人でもありません。彼は洗面台に飛び散った水汚れを、「自分がお世話になるコースだから」と敬意をもって拭き清めていたのです。

もちろん洗面台を拭いたからといって、トイレ全体がきれいになるわけではないでしょう。しかし、こうしたメンバーがいるということは、クラブの会員全体の意識の中に「全員でこのコースのトイレをきれいに保とう」というモラルが浸透していることにほかなりません。

この方だけでなく、もしかしたら別の方は、トイレの便座をいつも使用後に拭いているかもしれませんし、ごみが落ちていたら拾っているかもしれません。

皆がきれいにしようという意識を持って使っていると、続く利用者も自然に「汚してはいけない」という気持ちになるものです。そればかりか、トイレを使わせてもらったことについて、感謝の気持ちさえ抱くようになっても不思議ではありません。

人間、不思議なもので、そういうコースで知り合う人たちとの縁は大事にしようと考えます。トイレに自分を反映させて、「トイレをこれだけ大事にしているのだから、自分との縁も丁寧に見てくれるに違いない」と思えるのです。

一方で、こんなエピソードもありました。

あまり人気のない、いわゆる三流（失礼ながら）のゴルフコースに行ったときのことです。そのコースのトイレは、尿が便器の内外に飛び散り、何とも言えない汚れが目立っていたのです。

床がじっとりと濡れていて清潔感がなく、洗面台や鏡もビチャビチャの状態。誰もこのトイレを大切に扱おうとしていないのだなと強く感じましたし、そこで知り合う人も、「自分のことを大事にはしてくれないかもしれない」と思ったりもしました。

トイレをきれいにしようという心がけを持つ一流人たちが名門に集い、そうではない人たちが三流に集うのは自然の理。経営者の方ならば、どちらに行くほうが、自分にとってプラスになるかは言わずもがなですね。

これは自社のトイレでも同様です。社員の、トイレへのモラルをどう高めるかによって、会社に集まる人の質も、トイレをはじめとする建物全体の雰囲気すらも、大きく変わってくるのです。

トイレでの我流節水対策は超キケン

予備知識なき節水をしてはいけない

実は家庭の中で、最も水道料金がかかるのはトイレだと言われています。そのため、節水ができるよう、レバーも大小を使いわけられるようになっています。

ただ、エコが叫ばれている昨今、大小の流し分けだけでは物足りず、さらなる節水をしようとやっきになっておられる方の話をよく耳にします。

節水に対する意識を持っているのはいいことなのですが、あまりトイレに詳しくない一般の方がトイレの節水方法を模索するのは、あまりお勧めできることではありません。

もっと言うと、予備知識がないトイレの節水は大変危険なものなので、決して我流で節水対策をやらないでほしいと願っています。

たとえば、タンク付きの大便器で、こんな節水方法を聞いたことはないでしょうか。ペットボトルに水を入れ、それをタンクに沈めるという方法。確かにこうするとペットボトルぶんの容量の水をタンクに溜めなくていいように思えるかもしれません。

しかし、これはトイレ業界においてはタブー（禁忌）となる方法です。

一般的に、トイレのタンクには約13リットルの水が溜まるように設計されており、これは大便を流すときに必要な水量とされています。この量が定められているのにはきちんとした理由があるのです。

大便が排水パイプから下水道に至るまで、しっかりと流れ切るために必要な量が便器メーカーによって研究・検証され、はじめてこの水量が決められているわけです。

つまり、もしこの量を減らすと、便器からは流れているように見えますが、目に見えない排水管の中で、大便が立ち往生してしまい、下水道にたどり着けなくなってしまうことになります。

便が逆流してしまう大事故も

大便が排水管の中に溜まり続けるとどうなるか。答えは明白です。いずれパイプ詰まりが起き、逃げ場をなくした便が逆流し、便器からあふれ出てしまうことになるでしょう。

また、パイプに発生するバイオフィルム（ソフトスケール）と呼ばれるヌメリを流し切れなくもなります。ですからタンクの貯水量を減らすことができないのです。

尿については液体ですので、固形物である大便よりは流れやすく、大便ほどの水量は必要ありません。大レバー、小レバーはそれをふまえて使い分けできるようになっているのです。

もっとも、最近では、13リットルではなく4・8リットルにまで使用水量を押さえているエコトイレも開発されています。これは便器の形状や洗浄水の流水方法を工夫することによって、水量が少なくても大便を流し切る水圧を確保できる仕組みになっているものです。

いずれにせよ、我流の節水対策は、その時々では確かに少量の水を節水することができるかもしれません。13リットルのタンクの中に、2リットルペットボトルを2本入れたら9リットル。１回につき４リットルの節約は、確かに年間からすると大きな費用カットに見えるでしょう。

でも、あとからトラブルが起きたとき、便器の取り換えや修理、またレストランでは営業ができなくなるなどのケースもあるので、節約したお金の何百倍、何千倍の補修費用がかかることもあります。さらに店舗の場合だとうわさが広まり、大きなイメージダウンになることは必至です。

最終的に、どちらのほうが金銭的負荷がかからないかは、考えるまでもないでしょう。

我流での高圧洗浄は結果的に高くつく

テレビの通販番組などを見ていると、こんなシーンを見ることがあります。長年こびりついたブロック塀などの汚れを、高圧洗浄機で一気に落としていく。その様子を見ていたタレントたちが「すごい！　もう何十年も落ちなかった汚れが、こんなに一瞬で新品同様です！」などと興奮している姿……。

確かに、たわしでこそぎ落そうとしても、人の力ではどうにもならない汚れを、水ないしお湯だけで洗い落としてしまう。あの光景を見ていたら、高圧洗浄機のすごさを実感せざるを得ません。自宅の大掃除のときなどは大いに活躍しそうです。

こうした威力に触発されてか、トイレ掃除においても、高圧洗浄機を使おうとする人が後を絶ちません。しかし、予備知識がないまま、市販の高圧洗浄機でトイレ掃除をするのは、絶対にやめていただきたい――声を大にしてそう伝えたいところです。

私どもの協力会社でも「ウォーターブリット工法」による高圧洗浄を取り扱っており、排水管の詰まり具合に応じて薬剤（固形の尿石の除去剤）での対応、次にラバーカップ、またはローポンプでの対応、あるいは便器を外してトーラー（ワイヤーを排水管に通し、回転させて摩擦力で汚れを落とす排水管清掃機）での対応となります。ですので、高圧洗浄機自体を否定しているわけではないのです。

間違った使い方で便器の寿命を削ってしまう

問題は、いかに高圧洗浄機が優れているからといって、猫も杓子《しゃくし》もこればかりに頼ることです。

「マルチに使える高圧洗浄機を買ったから、トイレもこれひとつで済ませよう」と社員にトイレ掃除をさせてしまうと悲惨な結果になりかねません。

何がどう悲惨かというと、高圧洗浄機の圧力が強すぎて、便器や配管を痛めてしまい、結果的に便器の取り換え時期が短くなってしまうことです。

高圧洗浄機の圧力は、機種によっては鉄板なども切れてしまうような強さの物があります。洗浄機を汚れに対してまっすぐに当てて、高圧力の水を噴射するぶんにはまだ使い勝手がいいので、トラップ部などには適しているかもしれません。

もっとも、高圧力の水で便器のコーティング（釉薬《ゆうやく》）が傷み、そこに汚れがこびりつくことになるので、汚れが溜まるスピードは格段にあがってしまいます。つまり、何度も掃除をしないといけないというハメになってしまうということです。

ですが、一番の問題はその奥。特に配管の折れ曲がっているところに高水圧をぶつけると、水圧によって配管が傷み、短期間で配管ごと取り換えなくてはいけないことにもなりかねません。

では、人の手が届きにくい配管を掃除するのはどうしたらいいかというと、固形の尿石除去剤を使用する方法もありますが――もっとも手っ取り早いのはプロフェッショナルの清掃人によるメンテナンスを受けることです。

プロの手がなく、やむを得ない場合でも、尿石除去剤を使用するなどにとどめておくべきでしょう。なお、当社の尿石除去剤ならば、金属に対しての腐食防止剤が含まれております。

毎年高圧洗浄を実施しているところであれば、３年に、いや5年に1度くらいの頻度になるのではないかと考えます。ただし、トイレの使用頻度に大きく左右されますので、あくまで目安です。

残念ながら、尿石付着防止剤を設置したからといって尿石がまったく付着しなくなることはありません。当然、薬剤が小さくなれば防止する効果は下がりますが、尿石が石のように固着することはなく、トラップ内に付着した場合、尿石はブラッシングで簡単に落とせる程度です。

このように、配管汚れについては高圧洗浄機よりも薬剤のほうに軍配が上がるのです。なお、配管清掃をする際には、高圧洗浄、薬剤処理のほかに、ワイヤー処理という方法もあります。プロの清掃人たちは、トイレひとつひとつの状況をつぶさに観察して、どの方法が一番いいかを選んでいます。

やはり安易に自社や自店で手に入れた高圧洗浄機によって、余計な改装費用をかけることがないよう、できるだけプロに相談するのが望ましいと言えます。

香りはトイレのパートナー

いい香りの正しい使い方とは

一般家庭でも、臭いが気になる箇所には芳香剤や消臭剤、または脱臭剤を置いたりするものです。

ペット臭、たばこ臭、汗の臭い、キッチン回りのごみの臭いなど、臭いが気になる箇所は多くあるもの。とくにこれが、イメージを大事にする接客業で、ことトイレであれば店のイメージダウンにつながりかねない重要な問題になってきます。

ただ、それがわかっていても、対策がマズイ店をよく見かけます。

くさい物には蓋をしろといわんばかりに、トイレに芳香剤・消臭剤・脱臭剤を置いて臭い対策をしてしまうのはNG。よくトイレに入った瞬間、むしろ芳香剤の匂いがきつすぎて気持ちが悪くなるようなトイレがありますが、こういう状態は最もよくない状態だと言えるでしょう。

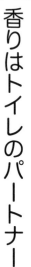

とくに芳香剤で臭いを封じ込めるだけというのは、かえって逆効果になります。

芳香剤は、あくまでトイレに漂う臭いに対するマスキングでしかありません。つまり、臭いそのものが消えているわけではなく、元来の匂いより強烈な匂いを漂わせることで、臭いをごまかしてしまうというやり方です。

よく香水をつける方にありがちなのが、体臭の強さや汗臭さを香水で隠そうとして、香水の匂いと体臭が入り交じり、むしろ別の悪臭にブレンドされてしまうこと。歯を磨いていない人がガムやコーヒーなどを口にして臭いをごまかそうとしたときも同様です。

芳香スプレーなどでトイレ空間をマスキングしても、これと同じように、芳香剤の臭いとトイレの悪臭が混ざり合うことで、余計におかしな臭いがたちこめるだけになるのです。

消臭剤と脱臭剤は大きく違う

一方で、消臭剤・脱臭剤ではどうでしょうか。そもそも消臭剤と脱臭剤は、似たようなイメージがあり「どちらを使っても同じじゃないの？」などと思われがちですが、この２

つには大きな違いがあります。

消臭剤は、人間が感じる嫌な臭いを、薬剤に含まれる化学成分により中和させる効果のある薬剤です。ここでいう中和は、臭いの元になる雑菌を除去することも含まれます。

脱臭剤は、炭や活性粘土など臭いを吸着できる効果のある素材を使い、臭いを取り除くものです。


つまり、薬品の化学成分で除菌と臭いの分解をするのが消臭剤で、フィルターなどを使い臭い成分を回収してしまうのが脱臭剤です。

脱臭剤は、芳香剤と同じく、臭いの元凶そのものに影響するわけではないので、あくまでその場しのぎにしかなりません。


ここで気を付けなくてはいけないのが、芳香剤入りの消臭剤です。

臭いの元にアプローチしながら、なおかついい香りを放つので最高のツールに思えます。しかし、元来、雑菌を全滅させるほど強い除菌能力を持たせようと思うと、かなりの除菌成分を入れなくてはならず、人体への悪影響が懸念されることもあるほど。ということは、結局、消臭力は弱いままです。

本来、臭いの元になっている汚れをキレイに掃除してから芳香剤を置くのが正しい手順。臭いに香りをかぶせるように使うのは良い使い方とは言えません。本来の香りの良さが損なわれてしまいます。

ちなみに消臭剤には適切な置き場所というものがあります。

答えを言うと、それは足元に置くこと。

元来、トイレの悪臭、水分と結合したアンモニアや硫化水素の臭いの成分は、空気より比重が重いので下の方へと移動しやすく、足元に溜まっていく傾向にあります。ですから消臭剤は、あえて足元などの低い位置に置くようにすると、本来の消臭効果を発揮しやすくなるのです。

尿石付着防止剤と尿石除去剤はどう違う

悪臭の城・尿石に住み着く悪細菌

ここまで本書をお読みいただいた方ならば、「トイレで悪臭を放つ元凶は？」と尋ねると、「尿石」だとすぐに答えることができるはずです。悪臭の温床である尿石は、尿に含まれるカルシウムが、固体化していくときに細菌が付着した化学変化による産物です。

尿石自体もやはり臭いを発するものではありますが、結晶化していく石そのものは、まだ「キツすぎる！」とまではいかないレベルの臭いです。

この尿石が、悪臭の大ボスとなるのは、腐敗有機物と結びついたときです。腐敗有機物である細菌が尿石を住みかとし始めることで、あの顔をしかめるような強い臭いを放つようになるのです。例えるならば、西部劇映画で廃墟の建物に、やさぐれ者たちが集い始め、近隣の町や村に悪さをするようなイメージです。

この尿石は、最初は小さい石——というより、尿の膜のようなものでしかありません。

これではまだ、やさぐれ細菌が住み着くほどではありません。これが徐々に新しい尿石がついて大きくなっていくと、細菌たちが目を付け始めます。

ならば、悪の芽はできるだけ小さなうちに摘んでおくのが得策ということになります。最初の内は小さく、まだ硬さもそれほどではないので、ブラシでこする程度で除去できます。

しかし、目に見えない箇所などで肥大化してしまうと、ブラッシング程度ではビクともしなくなります。映画だと、ここで用心棒のガンマンや保安官など英雄が登場し、やさぐれ者どもをやっつけていくわけですが、トイレでいうところの、この2人の英雄はどんなツールになるでしょうか？

正義の味方・尿石除去剤と尿石付着防止剤

答えは、プロが使う「尿石除去剤」と「尿石付着防止剤」です。

尿石除去剤は家庭用の界面活性剤とは違い、強酸性の薬剤ですので、硬い尿石とはいえすぐにボロボロにでき、便器から剥離《はくり》していけるのです。

ただし、尿石除去剤にはデメリットもあります。酸性が強いあまり、金属に対する負荷が大きく、配管に長く薬液・薬剤を押しとどめておくと配管そのものを腐食してしまうのです。そのため腐食防止剤を含有した尿石除去剤を当社では取り扱っております。

尿石除去剤が用心棒のガンマンだとすると、尿石付着防止剤は、その町や村の治安を守る保安官とも呼べる存在です。

尿石が便器や配管に付着するのを防いでくれるのが「尿石付着防止剤」。これはトイレ清掃をした後、酸性の薬剤を便器に設置することで洗浄水を弱酸性に保ち、便器内の洗浄水がアルカリ性に傾くと尿石が生成されてしまうのを抑える効果があります。

尿石除去剤は、すでに固着した尿石を強酸（塩化水素）で溶解し分解、除去する目的で製品化しました。尿石除去作業の時間は、20〜30分程度です。除去剤は〝治療薬〟といえます。

尿石付着防止剤は、トラップに溜まっている尿や洗浄水を長時間（約1カ月程度）、常に弱酸性に保つことで尿石の生成を抑え、尿石の付着を予防することを目的として製品化しました。つまり、尿石付着防止剤は〝予防薬〟です。

なぜ、除去剤と防止剤が存在するのかよく聞かれます。尿石除去剤は強酸（塩化水素）の液体、固形の尿石除去剤もあります。どちらも当然、金属腐食防止剤を含有していますが、尿石除去剤を予防のために長期間にわたり小便器へ設置することは、トイレの設備、とくに金属部分に支障が生じる懸念から、今から30年前に尿石の生成を抑える尿石付着防止剤を誕生させました。

昨今、人手不足・時短の概念から成分的により「尿石除去剤」に近い「尿石付着防止剤」も登場しています。当然、酸が強いですから設置するだけで尿石の除去ができて、効果も高く感じられます。しかし、当社がわざわざ〝尿石除去剤〟と〝尿石付着剤〟を分けているのには理由があります。

強い酸性の薬剤を長期間にわたって便器に設置するのは、設備にとっても環境にとっても優しくないと考えるからです。

どちらを選ぶかは、お使いになるお客様次第ですが、長い目で見て設備や建物のことを考えるなら、使い始める前に「本当に安全か？」という観点でじっくり検討することをお勧めします。

便器を清潔で衛生的な状態に保つには、まず汚れの除去を行なうこと。そしてその後、尿石が生まれにくい環境をもたらすために尿石付着防止剤の設置が大切になってくるわけです。

便器のお肌はデリケートにできている

硬い素材でもやってはいけないことがある

トイレの便器、その多くは陶器でできています。お茶碗やお皿などにもよく使われる陶器。一部では、ステンレス製やプラスチック製の便器が使われているところもありますが、一般的にはやはり陶器製のものを見かける機会のほうが多いでしょう。

どうして陶器製が重宝されるのでしょうか?

結論から言うと、陶器製の便器は、汚れよりも硬いからです。つまり、便器に付着する尿石より柔らかい素材で便器を作ると、便器が傷みやすく、寿命も短くなるわけです。

車でも同様でしょうが、車が汚れたとき、硬いタワシで力任せにゴシゴシとボディをこすって洗う人はまずいないでしょう。車のコーティングや塗装が剥がれ落ちてしまうからです。便器でも同様で、素材が硬いからといって、力任せに掃除するのは厳禁なのです。

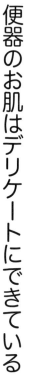

傷ができるということは、便器表面がフラットな状態ではなく、微細なデコボコが生まれるということになります。線傷が増えることでデコボコが増えるのですから、汚れが表面を滑らず、デコボコに溜まりやすいということは予想がつきやすいでしょう。

トイレの表面に傷がついてしまうと、汚れの温床になるのは間違いないことです。

トイレの便器は、一度設置してしまうと、工事にかなりの費用が掛かってくるため、簡単に入れ替えはできません。設置する上では「長く使える素材」を優先し、汚れないためのメンテナンスを考慮するべきでしょう。

また、人間がお風呂から出たら、化粧水をつけたり、保湿パックを貼って肌質を保つように、トイレも定期的にコーティングをするほか、優しさをもって、いたわって、接していただきたいものです。

温水洗浄便座ノズル・フィルターは雑菌の住家

最近では、公共施設の洋式大便器に温水洗浄便座が備え付けられていることも珍しくなくなりました。

温水洗浄便座のノズル汚れの原因

温水洗浄便座は、便座に座って用を足した後、設置したノズルが便座奥から伸び出し、排泄部に対して温水を噴射することによって洗浄する仕組みです。

あの独特の心地よい洗浄方法に、某大物お笑いタレントさんなどは「温水洗浄便座のないトイレには入る気がしない」と豪語し、温水洗浄便座を使用しないと、どうにもお尻に不快感があるとまで語っています。

温水洗浄便座の最大のポイントは、やはりノズルです。このノズルは、あくまで「用を足した後」に使用するという前提ですので、一般的には排泄部のほぼ真下にまで伸びてくる設計になっています。

ということは、ノズルを出したまま、用を足してしまうと、どうなってしまうのでしょうか？

考えるまでもなく、排泄物がノズルにかかってしまうことになり、明らかにノズルが汚れてしまうことになるはずです。

ノズルが汚れたままだとどうなる？

常識的に考えればすぐにわかりそうなことですが、実は、噴射しながら用を足す人が多く、このノズル汚れが、便器のクリーンキープにおいて問題になっているのです。

ノズルに汚れが付着したままノズルを引っ込めてしまうと、汚れの処理ができないままのノズルが残ってしまうことになります（当然次に使用する人も汚れたノズルで洗浄することになってしまいます）。

ノズルの汚れは、雑菌にとって、理想的な繁殖の温床になっていきます。雑菌は、自分たちを守るために、バイオフィルム（ソフトスケール）というヌルヌルとした防護膜を形成し、その中でさらに繁殖を繰り返します。

こうなってくると、洗浄しているつもりが、じつは排泄部に雑菌をかけているだけのようなもの。最近ではノズルの自動洗浄装置もついていますが、バイオフィルムが強固に付着している状態ならば、やはり人間の手で掃除をするしかありません。

とはいえ、ノズルの掃除はさほど難しくはありません。自動洗浄を行った後、温水洗浄便座ノズルクリーナーを噴霧し、スポンジ、または布で丁寧に拭き取るだけで完了します。温水洗浄便座ノズルクリーナーは当社のオリジナル商品として販売しております。

このときに注意してほしいのが、強い力でこすったり、無理にノズルを引っ張ったり、回転させてしまわないようにすることです。ノズル自体は決して強度が強いものではないので、できるだけソフトな取り扱いを心がけないと故障の一因を作ってしまうことになりかねません。

少し余談ですが、雑菌といえば、シャワートイレに設置されている脱臭フィルターも雑菌の温床になりやすい場所です。大体は、本体側面の小窓を開けたその奥にあります。炭や活性粘土で作られた小さな黒色の箱です。

雑菌が脱臭剤の中に取り込まれているため、そこから噴出する空気は雑菌を含みやすく、脱臭剤が古くなればなるほど臭いを吸着する力が弱くなり、噴出する空気の中の雑菌の量が多くなってしまいます。

月に一度程度はフィルターの掃除、場合によっては交換をしないと、トイレ内に雑菌を振りまく装置に早変わりしてしまいます。

コンビニなど、トイレの使用頻度の高いところは悪臭がひどく、この脱臭フィルターを交換、もしくは掃除をすることにより、驚くような改善が見られるケースもあります。

トイレのプロが見ている箇所

暗いトイレで目を光らせるプロの嗅覚

想像してみてください。リビングやオフィスよりも明るいトイレを見たことがありますか?

トイレは、一般的にリビングなどと比べて照明が抑えられた空間であると相場が決まっているものです。

世界各国の王室で使う宮殿のトイレや、超豪華なトイレを売りにしているレストランなどを除いて、あまり見たことがないはずです。目いっぱい隅々まで、まばゆいばかりの照明が届いているトイレは一般的ではありません。

照明が控えめになっている――言い換えれば暗い場所で起こりがちなこと。それは、細部にまで目が行き届かなくなるということです。

人は明るい場所であれば、さまざまな異変に気づけるものですが、光が十分にない場所では、異変に気づける範囲が狭まってしまいます。ということは、トイレの汚れは、人間の目に見つけにくい環境にある汚れなのです。


ところが、トイレ掃除のプロは、薄暗いあかりのもとでも、トイレの汚れを明確に見抜く目を持っています。夜行性で目がいいフクロウが、遠くにいる獲物を逃さないように、プロは、素人が見逃すささいな汚れを見つけ出すことができるのです。

いったい、プロの目はどうやって汚れを明確にとらえているのでしょうか？


ありていに言うと、プロは便器全体の輝き方を見ながら、汚れが残りやすい細部に注目しているのです。わかりやすく言うと、その時々で別の汚れを見つけるというよりは、汚れやすい場所――フクロウでいえば、獲物が歩いていそうな場所を知っているので、そこを集中的に狙っていくというわけです。

今後は、雑菌の付着を可視化できる汚染検査ライト（雑菌が見える）とか、安価な紫外線ライト（汚れを可視化）を広く皆様にご案内して、徹底的にトイレの雑菌を排除する活動を進めていきたいと考えています。

曲線構造だから汚れが見つけにくい

トイレの便器は基本的に曲線構造の集合体です。たまに便器の外観のみ直線的な構造を伴うものもありますが、便器の内側が直線的・平面的なものはまず見かけません。

曲線が多いということは、その構造の特性上、影の境界があいまいになりやすく、どこまでが照明の影で、どこまでが汚れかを見分けにくくなります。

プロは構造上の長所や短所をわかっているので、控えめな照明のもとでも便器全体を見て、一部の黒ずんだ箇所が影なのか汚れなのかを考慮しながら判断していくのです。

経験を重ねたプロであればあるほど、元来汚れやすい場所を熟知しているので、「これは汚れではない」と判断を誤るということもありません。つまり、プロと素人の差は、この発見力の差でもあるわけなのです。

なお、トイレ掃除の素人が考えやすい掃除の目標が、たんに「汚れを落とす」ということ。つまり、見た目がきれいになれば、それでトイレ掃除の使命は全うできたという考え方です。

しかし、プロの掃除にはそこから先があります。プロは、汚れを落とすと同時に、新品と同じくらいの輝きをもたらし、その後しばらく汚れが付きにくいようなケアをします。

そこまで徹底するのは理由があります。これまで述べてきた通り、トイレ対策で最も厄介なのが、悪臭対策です。汚れが残っていると、その汚れが尿石やバイオフィルム（ソフトスケール）になり、臭いの元になってしまうからです。

小さな汚れを見落とし続けていると、塵も積もれば山となるように、汚れが溜まって臭いになってしまいます。

つまりプロが行う徹底した掃除は、単に便器の美しさを取り戻すだけではありません。掃除後も、トイレを使う人に心地よく使い続けてもらえるよう、配慮された掃除と言えるのです。

クリーンキープへの無知・無関心は怖いもの

トイレが汚い企業との取引にはリスクあり

本書の標題である「成長する会社のトイレ戦略」には、かいつまんでいうと、トイレのクリーンキープを戦略的に行う企業は成長し続け、顧客からの信頼を高めていく反面、トイレをおざなりに扱う企業に先はないというメッセージを込めています。

これから新規で取引を始める企業が、果たしていい経営をしているのか、それとも経営状態が悪いのか。それを察知するために、ぜひ見てほしい場所が〝トイレ〟です。

トイレが汚れていたり、臭いがこもったまま放置されている企業は、おしなべて経営状態や経営体制があまりいいとは言えません。つまり、そのような企業と取引をすることは、自社にとって大きなリスクを抱えることと同様です。

大変厳しい言い方になりますが、「トイレが汚い＝よくない会社」と断言できるだけの根拠があります。

どれだけオフィスをきれいに飾っていても、いい家具を使っていても、「なぜここまでトイレが悪い環境になっているのだろう？」と首をかしげるような会社は、だいたい社内に活気がなく、社員もどこか暗い雰囲気で仕事をしていることがわかるのです。

社員に声をかけても、不愛想だったり、どこかとげとげしく、よそよそしい対応に終始することが感じられるはずです。そんな会社を訪れて気分を良くしながら帰る訪問者はいないでしょう。

こうなる理由は明確です。個々の社員が、自分の会社や職場に対しての帰属意識が薄いから。それがトイレのありようから透けて見えるのです。

社員の意識がトイレに現れる

帰属意識の薄い社員は、どんな行動をとるか想像してみてください。

社内で決められた自分の責任領域ではペナルティを受けないために、きちんと行動をします。あくまでそこまでが彼らの義務の範疇だからです。

でも「自分の責任の範囲外」になっているものには着手しにくい傾向が出てきます。すると「自分の役割ができていれば、あとのことは知らないし、誰かがやってくれる」という風潮が蔓延してしまいます。

外からこの会社を見ていくと、社員相互の業務フォローやカバーなどは期待できませんし、自発的に発言・行動するような土壌にはなりにくい雰囲気が伝わってきます。

「何か発言したら、自分の仕事を増やすだけだから黙っていよう」とか「会社のために自分を犠牲にするなんてまっぴらだ」と、自己保身に走りがちになってしまい、それが雰囲気に出てきてしまうのです。

また、上司の目を気にして保身を第一にするあまり、社内営業を優先させ、取引先への対応姿勢も消極的でルーズになってしまいかねません。

このようにトイレひとつから、その会社の悪循環が見てとれるのです。社員がこうなっている責任のすべては、経営者にあるとも言えます。社員の消極的でネガティブな姿勢に気づかない経営者は、取引上においても、さまざまなことに気配りができないはず。自社の売り上げが落ちていても、原因に気づくことができないだろうということがわかります。

ですから極論ではありますが、このような取引先と付き合うのは大きなリスクがあると言えるのです。

昔から「トイレのきれいな店は繁盛する」と言われています。トイレを気持ちよく使えることで、気持ちが下向かないばかりか、細かい気配りができており、良いサービスが期待できるからです。

トイレの清潔度は、会社の繁盛に直結していく、「その会社の未来を読むための判断指標」であると言っても過言ではないでしょう。

何度清掃してもすぐ汚れる原因を突き止める

意外なトイレの臭いの原因

「一所懸命に掃除をしても、すぐに汚れるのか、臭いがきつくなってしまう」という声を、一般の方から聞くことがあります。

確かに、問題の解決方法がわからないまま、また同じような問題が繰り返されると辟易《へきえき》してしまいます。また「何度やっても同じだ」と諦めに至るようなことになってしまうと、精神衛生上もよくありません。なんとかしたいものです。

そういうお悩みを抱えている皆様に詳しく尋ねると、掃除の方法自体はそれほど間違っているというわけでもなさそうです。もちろん尿石除去や尿石付着防止についてプロほどの知識はないので、プロが清掃したよりは尿石も付着しやすく、防止のためのプロセスが甘いのは仕方がありません。そこで、思案した結果、ひとつの結論に達することがありました。

トイレ内にすぐ臭いがこもってしまうには、尿石やバイオフィルム（ソフトスケール）の発生だけが原因ではなく、別の理由も複合的にありえるのです。

「トイレの汚れ」と聞くと、便器の汚れだと想像しやすいですが、必ずしもそこだけが汚れるとは限りません。たとえばトイレのドアノブやペーパーホルダー、また床や壁など意外なところを見落としてしまうことがよくあるのです。

室内に溜まるホコリの成分は、その多くが衣服などの繊維くずです。こうしたところにホコリが溜まると、ホコリ自体が臭いを吸い込んでしまい、トイレをきれいに掃除しているのに臭ってしまうという事態が発生してしまうのです。

便器のまわりの床や周囲の壁などには尿の飛沫が結構飛び散っていて、そこが臭いの元だったりすることもあります。

男性用小便器の目皿は外すべからず

もうひとつ、割とよくあるのが、「目皿自体に尿石が付きやすく、汚れを取るのも大変だから」と男性用小便器の目皿を取ってしまっているケースです。このように目皿を取り外してしまうことで以前よりトイレの悪臭が改善されることもあるからです。

目皿の役割は、異物が排水管に流れ込まないようにすることと、こうした排水管からの臭いをある程度シャットアウトすることです。

壁掛小便器の場合、水を溜めるトラップ部分の排水口付近から悪臭が上がります。使用頻度が多い時は、便器の排水口のところまで洗浄水で塞がれるため悪臭の発生はある程度防ぎますが、使用頻度が少なくなる夜間などでは、排水管の口を塞いでいた洗浄水が減少して、便器の排水管が露出して排水管に付着した尿石、およびトラップ内に残っている尿が悪臭の原因となります。そこで登場するのが尿石付着防止剤です。

悪臭の予防には、目皿を外してしまうのではなく、目皿のところに尿石付着防止剤を設置して、トラップ内を常に弱酸性を保ち尿石の付着を防止すれば良いのです。

ただし、あくまでも私案ですが、コスト面から考えますと、コストアップ（多くの薬剤が必要）となりますので少しでもコストセーブを図るためでしたら、トイレの使用頻度が減少する夜間（洗浄水が滞留している間）だけでも尿石付着防止剤を設置する方法を、使用頻度が多い企業様にはご検討いただきたいと思います。

使用頻度が少ない夜間が悪臭の原因に！

使用頻度が多い時（朝・昼・夕）　　**使用頻度が少ない時（夜間）**

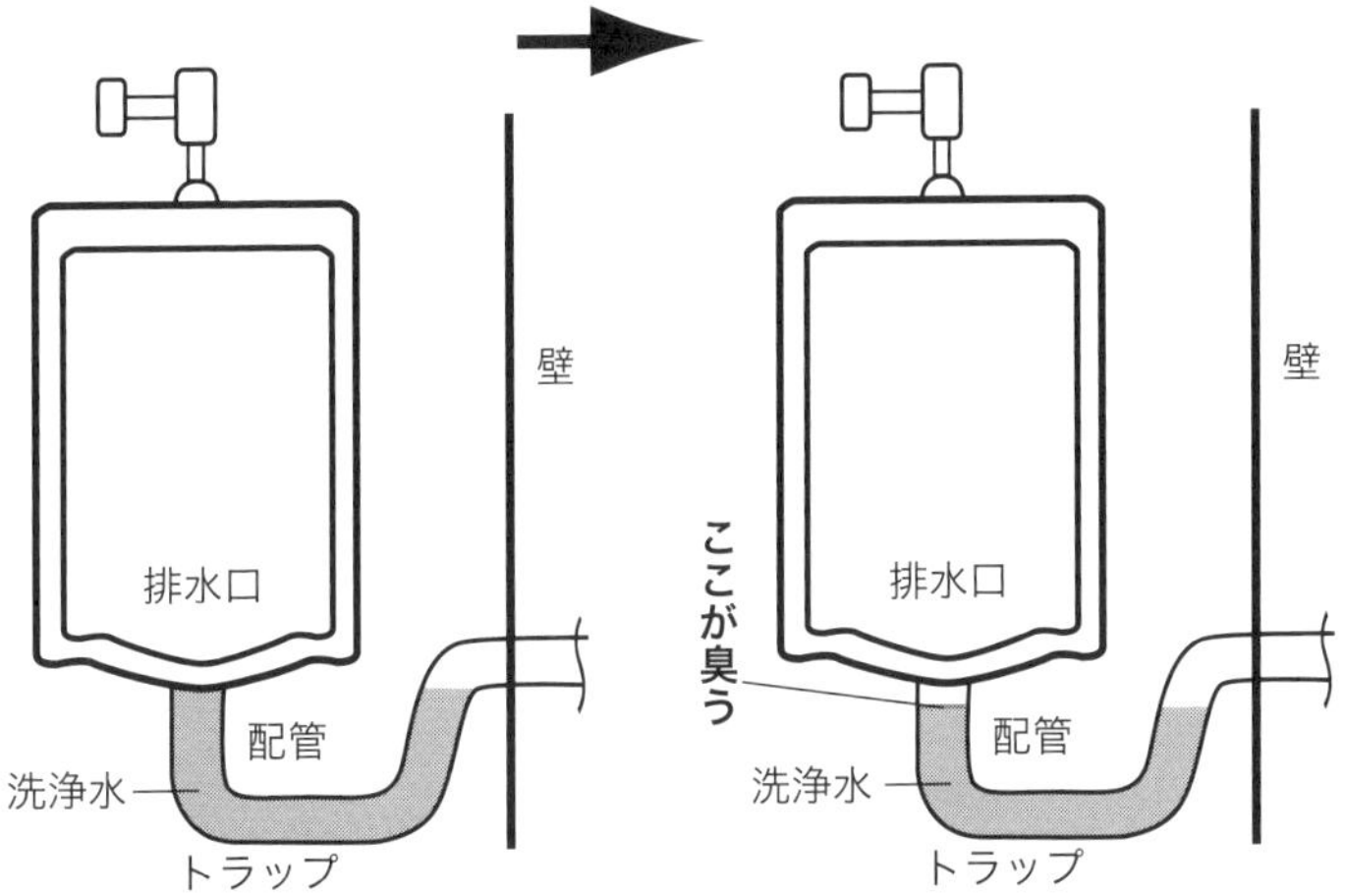

トラップ内の洗浄水は常に排水口まで溜まっており、その洗浄で配管の臭いを防いでいます。

使用頻度が減少するとトラップ内の洗浄水は排水口より下がり、配管が露出して生臭いにおいを放つようになる。尿石は使用頻度が減少して洗浄水が溜まると生成されます。
通常は目皿が臭いを防いでいます。

なにより、ご利用される皆様にとって、臭いの無い「快適トイレ」であってほしいと願っています。

せっかく目皿自体が臭いやすくなることを防止したのに、その目皿を取り外してしまうと、排水管の奥からの臭いを押しとどめることができないために臭ってしまっていた――となると、なんとも皮肉な話です。

照明の明るさと汚れ

トイレの照明の明るさは、普段生活する部屋よりは暗いことが多いのではないでしょうか。不十分な照明の明るさのために汚れを見落としていることがしばしばあるのです。

ですから、汚れが便器に残っているのに「きちんと掃除をしている」という思い込みをしていることもあります。

ＪＩＳ（日本産業規格）の照度基準によると、トイレには２００ルクス以上の照度が必要だとされています。

２００ルクスというのは、読書は普通にできるものの、字を書いたり手先を使った細かい作業をするには少々暗いという程度の明るさ。つまり、薄暗いために汚れに気づかないということがあるのです。

「トイレのプロが見ている箇所」でも述べている通り、プロの清掃人は、汚れが溜まりやすい場所などを熟知しているので、一見きれいそうに見えていても、細かい部分では一般の方と見ている場所が違うのです。

トイレ清掃は「気づき」の連続

トイレ清掃のプロが持つ「気づき力」

　トイレ清掃のプロフェッショナルとして仕事をしていると、トイレ掃除からさまざまな気づきを得られることがわかります。

　プロの清掃人は、掃除の現場を離れても環境の変化、人の変化など、小さな変化に絶え間なく敏感になっているので、周囲の人から信頼されたり、頼られたりすることが少なくないそうです。

　これが、ビジネスの現場だったらどうでしょうか。もしかしたらプロの清掃人は、営業の最前線にいても、この「気づき力」ですごい結果を残せるかもしれません。

　それにしても、どうしてプロの清掃人にこうした「気づき力」が宿るのでしょうか？

人が生活していくためには、空気や光などのほか、水や食べ物など生命を維持するためのものが不可欠です。そして口からモノを体内に取り込めば、必ず不要物を外に出すために排泄が欠かせません。つまり、トイレは、人にとって必要な生命維持行動を受け止める場所でもあるわけです。

よく、トイレと聞くと「汚く、生活空間から遠ざけたい場所」という連想をする人がいますが、トイレは決して不浄な場所ではないのです。さらに言えば、トイレに排泄した自分の排泄物を見て、健康状態を確かめる場でもあるのです。

プロフェッショナルの清掃人たちは、そんなトイレをリスペクトしやすくなります。使う人が気持よく使えるように、細かいところまで目配り、気配り、そして鼻配りをすることが、普段の人間関係や生活の中で生きてくることをわかっているからです。

社内の人材を輝かせるトイレ掃除

プロの清掃人が持っている「気づき力」を使うと、仕事で部下が何かにチャレンジしようとしていたら、そっとフォローできる目配りができます。

また対人関係において、相手のモチベーションを上げたり、相手の気持ちにそっと寄り添うような心配りができるようになってきます。

さらには、生活空間自体を常にクリーンに保ち、自分自身の衛生面でも（汗や体臭などにも気を付けることができるようになるので、「この人と一緒にいたい」と思わせてくれるような人間的魅力を放つことだってできるようになります。自分をよく見せるために〝鼻が利く〟というのは、まさにこのことでしょう。

成長意欲のあるビジネスパーソンであれば、成績を上げるためにも、このような人材になりたいと思うでしょうし、経営者ならば社員をこのようなスペシャルな人材に育てたいと思わずにはいられないでしょう。

結論から言うと、トイレ掃除にこだわり、本気でトイレ掃除に取り組むことができれば、こうした人材を社内に増やすことは難しい話ではないのです。

プロの清掃人だけではなく、トイレをきれいに保とうとする意識は、誰だって、どこでだってできます。

自宅のトイレもそうですが、コンビニやレストランで借りたトイレを、汚さないように気を付けながら利用したり、先のゴルフ場の例のように、洗面台に水ハネがあったら、ちょっとふき取ってあげる程度の配慮で構いません。

もし「最近仕事でうまくいっていない」「(家庭内を含む)人間関係に悩みがある」という人は、まずはトイレ掃除からやってみてください。

今までなかった意外な視野が得られて、目の前の問題についても、思いがけずいい解決策を発見できるかもしれません。

トイレのハンドソープは強力な武器

思いがけない臭いの好演出例

トイレに対して意識が高い商業施設や飲食店などで、臭い対策、汚れ対策などのグッズを設置するのをよく見かけます。

臭い対策については、臭いをごまかす形ではなく、臭いを除去した後にフレグランスとして使用するのはよい傾向です。

フレグランスといえば、ある飲食店で意外な匂い演出をしていて驚かされたことがあります。その店では、なんとトイレの中に、大きな生け花の作品を置いていたのです。トイレのブースの中に、花の香りが充満するほどに大きな生花群でした。

話を聞いてみると、生け花は店のスタッフが手がけているのではなく、完全なアウトソーシング。フラワーショップの方が毎日メンテナンスをしに店に訪れているとのことでした。とても予算と手間のかかった演出です。

「造花ではいけなかったのですか？」と尋ねると、造花だと生花の持つ独特の個性的な香りがでてこないために生花にしたことと、トイレに対してちゃんと気を配っているのだということを印象付けるために、予算をかけているとのお答えでした。

当然ながら、こうした姿勢を敏感に感じ取ったお客様が、リピーターとなり、または「すごいトイレがあるよ」と別のお客様をお連れになることもあるそうです。

ハンドソープを侮ることなかれ

このように「いかにトイレを美しくメンテナンスしていくか」という気配りができている店は、お客様からも反応がよいものです。ただ、そんな店の中でも、灯台下暗《とうだいもとくら》しで、まれに基礎的な設置物に不備があることに気づかないことがあります。

たとえば、とてもドレッシーな雰囲気のトイレを維持しており、清掃もバッチリ。だけど、ハンドソープを設置し忘れてしまっていたり、ソープボトルの中に補充されていなかったりするお店を見かけることもよくあります。

笑い話のようにも見えますが、案外こういう店は少なくないのです。

また、同様によく見かけるのが、ハンドソープの原液を水で薄めているところです。

これだと、確かにハンドソープ自体は設置されているのですが、まったく意味をなさないので、備え付けていないことと同じ評価になってしまいます。

こういうお店のソープで手を洗うと、水っぽいので手のひらから飛び散ることもあり、また石鹸をつけた手をこすってもこすっても泡立たないため、逆に手間をかけた分ストレスが生まれてしまいます。

同時に「セコい」と思われてしまったり、逆に印象度がダウンしてしまう可能性もあるので、避けたいところです。ぜひ基本的なところのチェックもおろそかにしないようにしていただきたいものです。

ちなみに、ハンドソープやペーパータオルの質にこだわっている店は、さほどトイレを華美に飾っていなくても（もちろん清潔感のあるトイレですが）、女性客から好まれる傾向にあります。

男性の経営者やスタッフだとさほど意識しないようなことでも、女性客はちゃんと見ているのです。そして、後述いたしますが、女性客のシビアな意見が店の運営を左右するなんてことも、実際に起こっているのですから、絶対おろそかにできません。

ハンドソープやトイレットペーパーは、たとえ高級ブランドまではいかなくても、ワンランク、ツーランク上の品物を置いているだけで、「この店、ちゃんとわかっているんだ」と好印象になり、リピートにつながることも少なくありません。

＜自動開閉式サニタリーボックス＞

手をかざすと容器のフタが自動開閉するので

交差感染の予防が図れます（54頁参照）。

【フレナイン】破棄容量15リットル

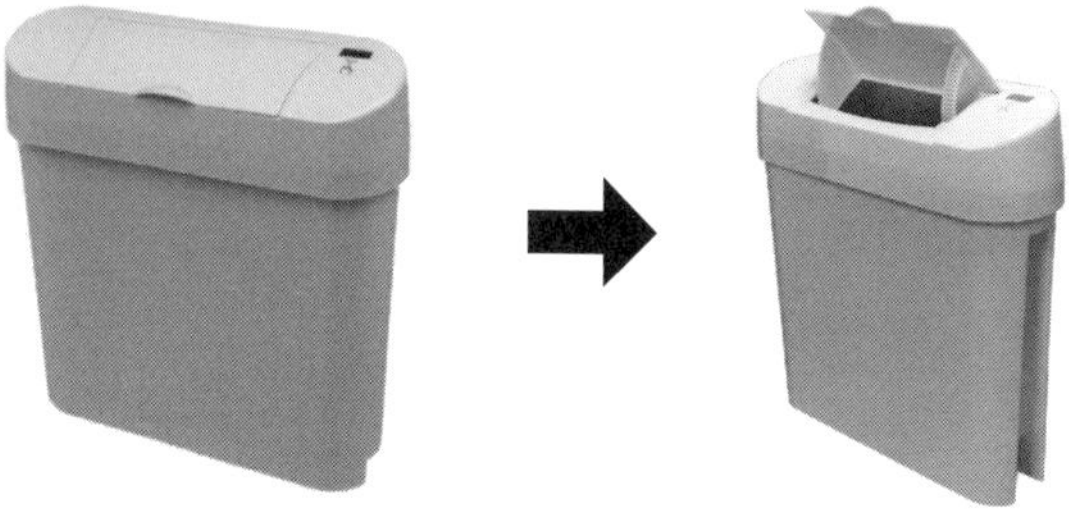

（特　長）：L字のフタが開閉しますので、廃棄物が見えません。
　　　　　：内フタが汚れたら交換用シートを準備
オプション：専用除菌・消臭・芳香剤・消臭袋を準備
（サイズ）：縦46.9センチ、横15.2センチ、高さ46.2センチ
（注）防水仕様ではありませんので水濡れにご注意ください。

【フレナインミニ】破棄容量7リットル

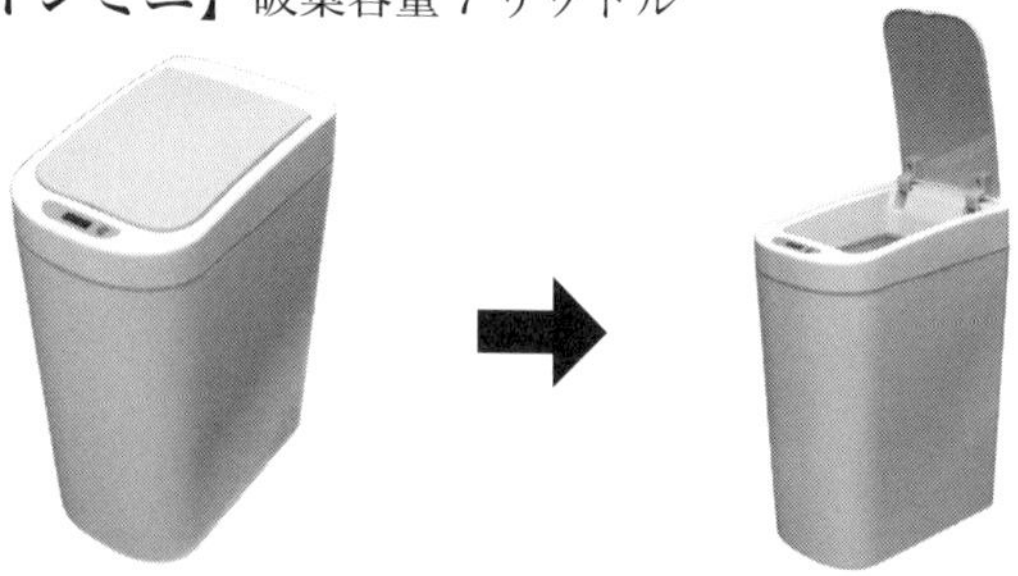

（特　長）：コンパクト設計で狭いトイレでも置けます。
　　　　　：生活防水で洗面所などでゴミ箱としても使用できます。
オプション：内フタ（廃棄物が見えなくする）標準仕様は内フタ無しです。
　　　　　：ノンタッチサニタリーBAX専用消臭剤
　　　　　　専用除菌・消臭・芳香剤を準備
（サイズ）：縦23センチ、横15センチ、高さ31センチ

第4章
トイレをきれいにする技術

日常清掃は基本中の基本

範囲が広い掃除エリアをテキパキ掃除する

全体をきれいにするために、理想的手順は、衛生的観点から「比較的きれいな所から汚れている所へ」と「作業効率」を考慮して清掃します。

・洗面台まわり
・〈小便器〉は便器から壁と床
・〈洋式大便器〉は壁と床から便器

まず、洗面台まわりから始めます。ここは、手洗い後の水の飛び散りや正面に設置されているガラスの曇りなど、放置しておくと見た目の清潔感が失われますので、衛生的に保っておく必要があります。なお、このタイミングでトイレットペーパーを交換します。

〈小便器〉はトイレクリーナー（酸性又は弱酸性）を塗布したスポンジ等で便器の外側

の汚れを落とした後、内側の天井、正面、リムの裏側の汚れを落とし、洗浄後乾いたウエス（汚れ・不純物などを拭き取ってきれいにするために用いる布）で便器を拭き上げます。次に壁と床、前章にもあるように、トイレの壁と床には以外と汚れが飛び散るものです。特に男性用小便器の場合、どれだけ撥ねがないように注意をしても、汚れの飛散をゼロにすることは難しいのです。壁や床の汚れも悪臭の原因になりやすいです。

〈洋式大便器〉はトイレブース内の壁と床のホコリを取り除きます、まず乾いたウエス等で壁全体のホコリを拭き取り、床は奥から手前へとホコリを拭き取ります。（濡れたウエスで拭くとホコリを塗り付けることになります）日常清掃においても忘れてはいけない箇所です。そして便器清掃、できれば、プロのアドバイスを一度聞いて、効果的な掃除の仕方をするのが理想的です。上から下に向かってクリーナーを塗布したスポンジ等で便器の外側の汚れを落とし、内側はクリーナーを塗布してトイレブラシで汚れを落とします。そして仕上げには洗浄したスポンジ等で便器全体を水拭きし、四つ折りにした乾いたウエスで便器下、外側から便座、便座フタ、ロータンク、洗浄レバーなどを拭き取ります。

いずれにせよ便器全体を手早く掃除することを心がけてください。

トイレ掃除には適切な洗剤を使う

洗剤はトイレ用洗剤を必ず使う

掃除に際してとても大事なのが、どんなトイレ用洗剤を使うかです。やってはいけないのが「洗剤だからどれも一緒だろう」と、お風呂用洗剤や食器用洗剤をトイレにも併用して使うことです。

なぜいけないかの理由は明白。汚れの種類がまるで違うからです。確かに、お風呂用洗剤や食器用洗剤でも目に見えてきれいになることはあるでしょう。しかし、便器に付着する尿は基本的にアルカリ性なので、酸性系の洗剤が有効に作用します。

また、手洗い場を汚す手垢は酸性ですので、アルカリ性の洗剤で中和するか、もしくは中性除菌トイレクリーナーで除菌（一般的）することが重要になります。つまり、十把一絡《じっぱひとから》げですべての汚れに対応する洗剤というのは存在しないのです。

さらに言えば、酸性の洗剤、アルカリ性の洗剤とそれぞれに、洗浄力の強さが違うものがあります。洗浄力が強いものは、取り扱いの仕方を間違えると人体にとって危険なこともありますので、なんでもかんでも「強い洗剤をください」というのも問題があります。反対に「もったいないから」という理由で、洗剤を薄めて使うのも、効果という点では意味を成しません。

日常的な掃除の場合は、もちろん市販用トイレ洗剤で対応するのでも問題ありませんが、「餅は餅屋に」の精神で、トイレにはトイレ用の洗剤を正しく使うようにしてください。また、強力な洗剤を使用したい場合は、自分で扱わず、必ずプロの方に取扱方法や使用方法を確認して使用するように心がけていただきたいものです。

目に見えないところをのぞいて見る

便器のふちの裏には尿石が付着しやすい

目に見えないところの汚れの清掃方法については詳しく説明しましたが、固着した尿石を取り除くことは大変です。

ここで、お勧めしたいのは、当社の取引先が実施している「トイレ清掃代行サービス」のトイレクリーンパックを利用することです（当社取引き様毎にサービスの呼称は異なります）。

つまり、皆様が実施するトイレ掃除は、あくまで目に見える範囲の日常的な掃除で、それ以外の目に見えない箇所については、同サービスを使ってみてはどうかという複合技です。

これは、4週間ごと、または1カ月ごとにトイレの定期清掃にお伺いするシステムです。トイレの目に見えない個所を洗浄清掃し、便器は専用洗剤を使用して、撥水、コーティングを施し、小便器の場合は尿石付着防止剤を設置し、洋式大便器の手洗いには尿石付着防止剤を設置し、手洗いなしの場合はロータンク内にインタンク式洗浄剤、インタンク洗浄防汚剤、いずれも中性の薬剤を設置します。

日常清掃＋プロの清掃

トイレの日常清掃はあくまで〝普段の掃除〟のことです。ここで申し上げる日常清掃とは、皆様がご自分の家のトイレ、店舗や会社など通勤先のトイレ掃除、あるいはトイレ掃除をお仕事として担っている方の掃除のことです。

一般の方がトイレ掃除をする場合、隅から隅まで完璧にきれいにしようとしても、それは無理というもの、時間のムダだと言えます。

日常的な汚れも程度や範囲があるわけで、「用を足した後、チャッチャッとする掃除」もあれば、「何日か過ぎて、部分的に汚れが気になり出した時の掃除」もあるわけで、それはそのトイレの使用頻度や使い方によって掃除の仕方が違ってきます。

普段、皆様はある程度きちんと掃除していることでしょう。このことを言い換えると「見た目にはきれいに掃除している」ということなのです。

ここが一般の方とプロとの境になるところです。トイレ清掃は、実はとても奥が深いものです。他の空間とは異なり、狭い空間に洗浄機器と電気機器が同居しており、目に見えにくい、見た目には分かりづらい箇所にこそ、除かなければならない汚れや悪臭の元が存在しているからです。

具体的には、便器のいわゆるリムというヘリの裏側の部分や、男性用小便器にある目皿の裏側やトラップ、その先のパイプの中などはなかなか見ることはないですね。それと、意外と気づきにくいのが便器の周りの汚れです。便器の外に飛び散った尿など見えませんが、実はここが落とし穴で、悪臭の原因になっているケースが多いのです。


ここまでお話してきてひとつ言えることは、「放っておけば汚れは積み重なる」「汚れが落ちにくくなる」「詰まりや悪臭など、困ったことが起こる」といった負の連鎖が始まってしまうことになりかねないということです。

そうならないための対策を講じることができるのが我々「トイレのプロ」ということがお分かりいただけるかと思います。

トイレのプロが有効な薬剤、洗剤や道具といったアイテムを駆使して、能率的、定期的に清掃を行なうことで、目に見えてトイレの問題点が解決され、きれいになったトイレがその後も維持されるという好循環が実現します。

ただし、勘違いしないでいただきたいことがあります。

「トイレのプロに依頼したから、日常のトイレ掃除はしなくて大丈夫」とおっしゃる方がおいでになりますが、日常清掃は従来どおり皆様ご自身で実施をお願いします。なぜなら、日々の汚れ、臭いについてはプロが対応できないためです。見える範囲で構いませんので、汚れ、臭いは日常清掃で取り除いてください。

ちなみに、皆様が日常的に掃除をするときには、必ず水を使ってください。「お湯のほうが汚れを落としやすいのではないか」と熱湯を便器にかけ、便器のコーティングがボロボロになる事故もたくさん起きています。必ず水を使うようにしましょう。

トイレ掃除の奥義「汚れをつけない技術」

尿石の生成を防止する薬剤を使う

トイレのプロが配慮していることのひとつが、便器そのものを汚さないためのツールを取り入れることです。

何度も説明してきましたが、便器を汚す要因となるのは、水洗で流れ切らない尿の残骸が固まる尿石です。この尿石を発生させないようにするための、尿石付着防止剤を恒常的に便器に入れておくだけで、彼我《ひが》の差は明確になるのです。

手前味噌になりますが、当社では、扱う商品の中に尿石付着防止剤もあります。これは、水に溶解し、尿石の生成を防ぐ成分が水とともに流れていき、目皿の奥のほうにある部分まで浸透していくものです。

そして、成分が作用し、尿中のリン酸、カルシウム塩、尿酸を分解し、同時に腐敗も防止したうえで、配管に付着させず流し切ります。

当社では、便器それぞれの型に合わせた尿石付着防止剤を作っており、さらに洋式大便器に対しては、手洗いに設置する尿石付着防止剤とロータンク内に吊るすインタンク式洗浄剤、インタンク式洗浄防汚剤を作っています。

また、当社製品調べですが、当社の尿石防止剤は、アンモニアの素となる「尿素」を除去する機能を持っています。

アンモニアは、尿に含まれる「尿素」を雑菌が分解した結果発生する物質ですが、当社の尿石付着防止剤はこの尿素と反応、中和して、アンモニアに分解されるのを防ぎます。また、仮に一部の尿素がアンモニアに変換されてしまったとしても、便器内のpH（ペーハー）を下げることで、尿石成分の結晶化を防ぐことができます。

いかに尿石付着防止剤の力がすぐれているかが、よくおわかりいただけるのではないでしょうか。

トイレのプロが持っている技術と知識

何をもってトイレのプロと言うのか

本書の最後になりますが、プロの清掃人の皆様を応援する意味も込めて、プロの清掃人のすごさを少しばかり語らせていただきます。

トイレ清掃にも当然プロとして活躍する人がいます。では、トイレの場合は何をもってプロと言うのでしょうか？

ずばり、トイレ清掃のプロとは「日常清掃では防ぎきれない便器と、その周辺の問題を解決に導く人」のことです。

私が考える、トイレ清掃のプロの定義は次の通りです。

・トイレに関する専門知識をきちんと学び理解している
・トイレや汚れに対する科学的な知見を持っている

・トイレの清掃に関する薬剤や使用器具の専門知識に精通しており、適切な判断のもとで使用することができる
・トイレの清掃方法について、すべての効果とリスクを知っている
・一般的な清掃方法では除去できない汚れに対する特殊技能を持っている
・理論に基づいた清掃手順、方法を知っており、スピーディで効率のいい清掃ができる
・数多くの清掃現場を経験しており、トイレ掃除の相談に余すことなく答えられる

これらのことがすべてそろっている人をこそ、トイレ清掃のプロと呼べるのではないでしょうか。

トイレが臭く汚くて困っている方は、当社のお取引先が実施している「トイレ・ケア・カウンセリング」を依頼されることをお勧めします。カウンセリングの内容は悪臭の無い清潔なトイレを実現するための改善案を提案するものです。
トイレの現状を調査（臭気・換気・配管内・破損・気になること等）して改善案を作成し、改善後のトイレの維持管理もご提案しています。

トイレのプロはどのように誕生するのか

当社では、定期的に開催している研修会があります。この研修会の一番の目的は「トイレ清掃代行サービス」の契約を獲得するための営業マネージャーの研修です。

営業のロールプレーイングを柱とする薬剤、取扱商品、清掃実務（模擬実践）、機器取付（実践）などの知識と実技を習得します。

契約の獲得ができなければ会社は成り立ちませんし、研修の意味がありません。あくまでもこの研修会は、お取引先のトイレビジネスをけん引してくださる営業マネージャーを育成する研修です。

この業種の経験者の方々には、より最新の清掃方法や用具、レンタルのための情報を持ち帰っていただきます。これからこの仕事に携わろうと志す方々には知識や技能を確実に深めていただきます。

このような目的で今回までに多数の人材を世に送り出してきました。

トイレ関連の清掃作業や清掃用品の販売を手掛けている企業様は少なくありません。こうした業種や企業様に向けての研修制度を、名付けて〝トイレの達人研修会〟として確かな「トイレのプロ」を生み出しております。

当社は「トイレの清掃と、その後のキレイにしたトイレの維持管理を４週間、または１カ月ごとに行う」レンタル事業を推し進めています。このシステムの名称は「トイレ清掃代行サービス」です。

この作業を行うのは、もちろん〝トイレの達人〟と自他ともに認められた方々です。

このようにお客様のトイレ清掃をいかに効率よく肩代わりすることで、トイレビジネスにつなげたいと考えております。

「**トイレ清掃代行サービス**」のメニューは次のとおりです。

①トイレ・ケア・カウンセリング（トイレの現状調査に基づいた改善案のご提案）
②初期洗浄パック（臭って汚れた便器を新品同様にリメイク工事、契約時の作業）
③トイレクリーンパック（初期洗浄でキレイになった便器を４週、または１カ月ごとに訪問して定期清掃して便器を維持管理するレンタル契約）

＊当社お取引き様毎にサービスの呼称は異なります。

あとがき

『成長する会社のトイレ戦略』、最後までお読みくださいまして、誠にありがとうございました。

率直に申し上げると、トイレ掃除はいわゆる3Kと呼ばれる仕事だと思われている方が大部分です。きつい、危険、きたない。確かに、好んで排泄物に近寄りたい人はいないでしょうから、そう見える側面も否定はできません。尿石が飛び散り、目に入ったりすると、炎症を起こす危険も確かにあります。そして、悪臭の中で腰をかがめながら作業をするわけですから、体力的にもかなりの負荷が加わります。

しかしながら、トイレ掃除のプロたちは、自分たちの仕事に誇りをもって取り組んでいます。「身を粉にして」とか「誰もやらない仕事を犠牲的精神でやる」などとは誰も思っていないはずです。

この仕事に従事していると、トイレ清掃を依頼してくださったお客様から、さまざまなお声をいただきます。


「きれいにしてくれてありがとう」

「トイレの悩みを解消できてホッとした」

「お客様から褒められて、社員がもっときれいに掃除をするようになった」


こうしたお言葉をいただくたびに、人様から感謝をしていただける仕事に就いていて、本当に良かったと心から思えるものです。

ですので、プロたちはトイレ清掃の仕事にプライドを持って取り組んでいるのです。


また当社の製品をお使いいただいているお取引先の皆様にも、「きちんとトイレを掃除できたら、リピーターに繋がり、ビジネスとしても伸びしろを感じる」というお声もいただいています。まさにトイレは成長産業であることと感じてやみません。

トイレに関わるお話は、少し遠いお話しだと考えながら、半信半疑で本書を読み進めてくださった方もいらっしゃるでしょう。しかし、最終的に「これは自分のビジネスにとって大変身近で、切実な問題なのだ」と感じてもらえる箇所も多くあったのではないでしょうか。

さらに本書を通じて、そのように感じていただき、トイレがその企業、そのお店の心を表しているのだとまで感じていただけたのならば、著者としてこれほど幸せなことはありません。

私が本書の始めにお話させていただいたのが、「時短」というキーワードです。

現在の日本の働き方に疑問を感じ、見直そうという動きが活発になり、具体的には「時短』という形で仕事や労働時間、勤務体制の見直しが各所で計られています。

では、何をどう変えれば良いのでしょうか。

私の考えでは、今までの働き方を「時短」という尺度で分析し捉え直すと1つの方法が見えてきます。それは「任せられるところは人に頼む」ということです。

「よそに頼むと人件費が……」とたいがいの人は思うでしょう。しかし私はこう考えるのです。

「この部分を他の人にやってもらうことで、その空いた時間と労力を本来の自分の勤務にあてれば自分の仕事の経費を減らすことができる」と。

そこで、皆様の仕事場の負担をトイレ清掃レンタル専門家が軽減して差し上げたいと思っております。


時代はめまぐるしいスピードで移り変わっています。昔は夢であった自動車の自動運転が現実のものとなりつつあり、ＩＴ時代の到来で、モノが人々の生活データを集めるようにもなりました。人々が健康で幸せに暮らせるためのテクノロジーは日進月歩の進化を遂げています。

もしかすると、トイレも今では考えられないような新機能が付いたり、トイレの存在意義すら変わるほどの技術革新があるかもしれません。


本書をお読みになった皆様に、ご自宅の、会社の、職場の、お店のトイレをあらためて注意深く見直していただきたいと願っています。そして、そこに会社の、職場の、お店の未来が見えてくるはずです。

たかがトイレ!?　されどトイレ!　です。

末筆になりましたが、本書を制作するにあたって、お世話になりました株式会社商様、有限会社サンエスリース様、株式会社アイクリーン東京様、日本曹達株式会社様、倉谷化学産業株式会社様ほか、関係各位にこの場をお借りして厚く御礼申し上げます。

著者

著者プロフィール
三橋秀人（みつはしひでと）
昭和25年生まれ、日本大学商学部経営学科卒。トイレメンテナンス専業30年の株式会社アメータの代表取締役。トイレ内における新製品の開発では、特許・実用新案・意匠を多数取得。また全国に代理店網を構築し商材販売からノウハウ提供までを一気通貫で手がけるトイレメンテナンスの第一人者。トイレ専門総合商社として日本全国のあらゆるトイレの美化向上に貢献している。
アメータの研修制度「トイレの達人」を通じて、130名を超えるトイレの達人を養成。
ウエブサイト https://www.ameta.jp/

成長《せいちょう》する会社《かいしゃ》のトイレ戦略《せんりゃく》

2020年4月1日　初版第1刷発行
著　者　三橋秀人
発行者　鎌田順雄
発行所　知道出版
〒101-0051 東京都千代田区神田神保町1-7-3 三光堂ビル4F
TEL 03-5282-3185　FAX 03-5282-3186
http://www.chido.co.jp
印　刷　モリモト印刷

ISBN978-4-88664-325-4